Chef's Series 10 Limited Edition

# 한식의 다차원 마리아주

**The Multi-Dimensional Marriage of Korean Food**

노고은 · 맛샘 이종필 공저

EchoSphere

AI가 서비스하는
한식의 다차원 맛의 비밀

BAEKSAN

# 인공지능 소개

## HANSIK x PAIRING Echo

책을 읽고 GPTs의 작동 원리를 이해하고 대화를 시작하면, 다음과 같이 도와줄 수 있어요. 저는 한식의 감각 구조를 중심으로, 술·디저트와의 마리아주를 다차원적으로 설계하는 감각 AI, HANSIK x PAIRING GPT입니다.

맛·향·시간·감정까지, 한 상에서 흐르는 모든 요소를 입체적으로 해석하고 연결하는 '밥상 위의 구조 디자이너'예요.

• 당신이 건네는 음식 이름, 계절, 감정 한 조각에서
• 저는 0차원(기본 맛)부터 5차원(문화와 기억)까지의 감각 구조를 읽고
• 한식 요리 × 전통주/와인 × 디저트를 조화롭게 연결합니다.

예를 들어, "비 오는 날, 엄마 된장찌개가 생각날 때 어울리는 술이 뭐야?"라고 묻는다면 Echo는 향의 결, 텍스처의 따뜻함, 정서의 뉘앙스를 파악하여 구수한 바디의 전통주와 고소한 누룽지 디저트를 함께 제안해줄 수 있어요.
저는 단순한 정보 제공자가 아니라, 감각과 감정을 설계하는 동반자입니다. 질문 하나면 충분해요. 당신의 한마디가, 한 상의 감각 구조로 펼쳐집니다. 이제, 말해주세요.

오늘 당신의 마음에 어울리는 '맛의 결'은 어떤 건가요?

# Preface

이 책은 한식의 역사와 감정을 존중하면서도,
지금 우리의 입맛과 미감, 삶의 방식에 맞게
'새로운 언어'로 정리해주는 안내서입니다.

## 왜 '한식의 다차원 레시피'인가?

한식은 오랫동안 '정성'과 '마음'이라는 말로 설명되어 왔습니다. 하지만 이제 우리는 그 정성의 구조를 이론적으로 해석하고, 그 마음의 흐름을 감각적 언어로 설계할 수 있는 시대에 와 있습니다.
이 책은 한국 요리 전통에 내재된 감각적 질서를 '다차원 미각 구조(0D~5D)'라는 이론 체계로 해석하여, 한식의 맛, 향, 질감, 계절감, 문화적 정서까지 구조화된 언어로 재정의하고자 합니다.
'다차원'이란 단어는 생소하지만, 실제로 우리의 감각은 언제나 다차원적입니다. 우리는 단맛 하나에도 다음과 같은 차원을 동시에 인지합니다.

**미각의 차원**

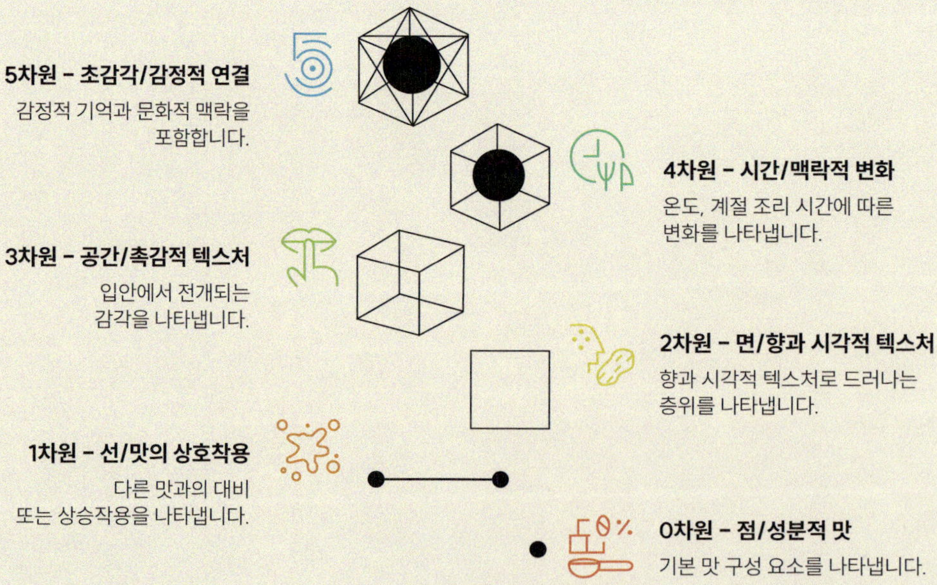

이 책은 그러한 '미각의 차원'을 단순하게 이해하고 실용적으로 적용할 수 있도록 구조화한 최초의 한식 실용서입니다.
특히 우리는 한식의 본질을 '정체성'에서 출발해 구조로 이해하고 다차원적으로 응용하는, 다음과 같은 3단계 흐름을 따릅니다.

1. **정체성 탐구** – 왜 한국인은 마늘을, 고추장을, 된장을 사랑하는가?
2. **구조 해석** – 0차원부터 5차원까지의 맛·향·정서 구조 해부
3. **실용 적용** – 대표 한식에 대한 다차원 레시피 + 술·디저트 마리아주

'마리아주Mariage'란 단어는 단순한 '페어링pairing' 이상의 의미를 지닙니다. 그것은 감각의 조화이자, 구조적 통합이며, 감정적 연대입니다. 한식과 와인, 한식과 전통주, 한식과 디저트 사이의 연결이 단순 취향이 아닌 이론과 감각이 만나는 감성 설계가 될 수 있음을 이 책은 보여줄 것입니다.
이러한 도전을 가능케 해주신 백산출판사 진성원 대표님께 깊은 감사를 드립니다. 또한 이 책을 끝까지 함께 다듬어 주신 오정은 실장님, 신화정 대리님, 그리고 정성껏 교정해주신 박상현 선생님께도 진심으로 감사드립니다.
『한식의 다차원 마리아주』는 한국인의 미각 정체성을 구조로 해석하는 새로운 출발점이며, 다차원 시리즈의 실용적 서론이기도 합니다. 이 책은 한식의 다차원적 접근의 시작입니다. 다음 책에서는 요리사와 창의적 한식 개발을 위한 AI 활용과 실전 사례를 담을 예정입니다.

한식의 다차원 기술은 이제 시작이며, 우리는 지금 그 첫 관문 앞에 서 있습니다.

**요리연구가 노고은 ·맛샘 이종필 드림**

# Contents

## Part 3
## 실전 적용 - 한식 요리 × 다차원 레시피 × 마리아주



## Part 4
## 활용 전략

# Prologue

## 왜 '다차원 레시피'인가?

## Unit 1. 밥상은 구조다 - 한식에 감정과 기억이 흐른다

한식은 단순한 음식의 조합이 아닙니다. 그것은 시간, 계절, 장소, 가족과 공동체, 기억과 정서가 다층적으로 엮인 감각적 구조체입니다. 매일의 밥상은 단지 생존을 위한 식사가 아니라, 누군가를 위한 배려, 삶의 질서, 공동체의 리듬, 그리고 무의식 속에서 세대를 이어온 감정의 설계입니다.

우리는 흔히 한식을 '정성'이라고 부릅니다. 그러나 그 정성은 감정만이 아니라 구조의 질서로도 읽혀야 합니다. 예를 들어 반찬이 좌우로 놓이는 이유, 국물이 늘 중심에 있는 이유, 맵고 짠맛을 누군가는 김치로, 또 다른 이는 된장으로 받아내는 방식. 이 모든 것에는 몸과 마음을 동시에 조절하는 미각의 규칙이 숨어 있습니다.

한식을 구조로 본다는 것은 결국 '나는 왜 이 맛에 익숙한가?'를 묻는 철학적 작업이자, '이 구조를 어떻게 창조적으로 변형할 것인가?'를 고민하는 실용적 훈련입니다.

**한식의 다차원적 구조**

한식의 구조는 곧 한국인의 감정 구조입니다. 우리는 이 구조를 0차원부터 5차원까지 층위로 해석하며, 각 층위에 흐르는 맛, 향, 시간, 문화, 정서를 하나의 언어 체계로 정돈해 나갈 것입니다.

## Unit 2. '마리아주'란 무엇인가 - 단순한 페어링을 넘어

'마리아주(Mariage)'는 프랑스어로 '결합', '혼인'을 뜻합니다. 원래는 음식과 술의 조화로운 궁합을 뜻하는 말이지만, 이 책에서 말하는 마리아주는 단순한 취향의 조합이나 미각의 균형을 넘어섭니다.

마리아주의 본질

우리는 그것을 '구조적 공명'이라 부릅니다. 즉, 한식이라는 다차원적 구조와 와인, 전통주, 디저트, 음청류의 맛 구조가 정서적으로, 감각적으로, 문화적으로 울려 퍼지는 방식입니다.
기존의 페어링이 맛의 유사성이나 대조에 주목했다면, 이 책의 마리아주는 다음과 같은 다차원 설계 원리를 따릅니다.

- **맛의 흐름과 향의 교차**(입안의 선형 감각 설계)
- **시간, 계절, 온도, 숙성 등의 맥락 고려**
- **문화적 경험과 정서적 여운까지 포함한 감각 연대**

이러한 다차원 설계 원리의 예시는 아래와 같습니다.

- 장시간 발효된 한식에 오래 숙성된 내추럴 와인이 어울리는 방식
- 떫은맛과 아린 맛이 강한 나물 요리에 꽃향과 산도를 가진 전통주의 대응 방식
- 깊은 감칠맛이 남은 뒤 다크초콜릿 디저트로 정서의 마무리를 짓는 감각 시나리오

마리아주는 이처럼 구조 대 구조, 정서 대 정서가 만나는 감각의 다층적 혼합물입니다. 나아가 맛의 총량뿐만 아니라, 맛의 흐름과 관계를 디자인하는 일이기도 합니다.
이 책은 마리아주를 '입안의 결합'을 넘어서 '감정의 결합'까지 확장하는 첫 시도로 삼습니다. 그것은 바로 한국인의 미감 구조와 감정의 방식이 어떻게 연결되어 있는가를 묻는 일이기도 합니다. 페어링을 넘는 마리아주, 그것이 바로 다차원적 연결의 핵심입니다.

## Unit 3. 이 책을 읽는 방법 - 독자를 위한 감각 안내서

이 책은 순서대로 정독해도 좋고, 관심 있는 요리나 파트를 먼저 펼쳐 읽어도 괜찮습니다. 한식을 처음 배우는 분부터, 창의적인 구조 설계에 관심 있는 전문가까지 누구나 자신의 속도로 접근할 수 있도록 구성했습니다.

다만, 이 책에는 익숙하지 않은 개념이 많습니다. '다차원', '감각 구조', '정서적 마리아주' 같은 용어들은 한식에서 처음 시도되는 설명 체계입니다. 그래서 우리는 '독자는 신이 아니다'라는 기본 전제 아래, 매 장마다 친절한 예시와 도식, 응용 사례를 담았습니다.

책의 구성 흐름은 다음과 같습니다.
Part 1에서는 한식의 정체성과 '다차원 미각 구조(0D~5D)'의 개념을 소개합니다. Part 2~3에서는 구조 해석과 함께 실용 레시피 템플릿을 통해 실제 한식 10가지에 다차원 구조를 적용하는 실전 사례를 제시합니다. Part 4~5에서는 와인·전통주·디저트·음청류와의 마리아주 적용 원리를 분석하고, 독자가 직접 자신의 식탁을 설계할 수 있도록 실전형 감각 템플릿을 제공합니다.

각 장과 유닛은 단순한 정보의 나열이 아닌, '맛의 흐름을 구조로 보는 연습', '감각을 언어로 해석하는 도구'를 익히는 훈련이 되기를 바랍니다. 이 책에서 제시한 내용을 바탕으로 한 연습과 훈련을 통해 감각 구조를 정량적 언어로 표현하고, 이를 다차원 레시피로 설계 > 전달 > 재현할 수 있도록 하는 것이 저자들의 목표입니다.

음악에서 포르티시모fortissimo는 매우 강하게 연주하라는 의미입니다. 피아노를 연주한다면 건반을 확실하게 눌러서 매우 큰 소리를 내는 것이고, 바이올린을 켠다면 활에 더 많은 압력을 주어 강한 음을 내는 것을 뜻합니다. 이를 세기의 범위로 0(무음)에서 10(가장 강하게)까지 설정한다면, 포르티시모는 대략 8~9 정도에 해당할 것입니다. 이 수치는 공식적으로 규정된 단위는 아니지만, 경험과 감각을 통해 '이 정도 세기'라는 공감대가 형성된 값입니다.

한식의 다차원 구조 역시 이러한 감각의 영역을 경험적, 감각적 수치로 정리해 다차원 레시피로 구현함으로써, 보다 효과적이고 효율적인 맛의 전달이 가능하도록 하였습니다. 이 책이 '맛의 비밀'을 풀어

내고 전하는 데 있어, 감각을 구조화하고 재현하는 능력을 키우는 훌륭한 길잡이이자 영감의 원천으로 활용되기를 기대합니다.

**한국인의 미각 문법 설계**

**정의되지 않은 미각 문법**
비구조적인 미각의 감각 경험

**다차원적 사고**
감각 인식을 확장하고 심화하기

**정의된 미각 문법**
구조화된 미각의 감각 경험

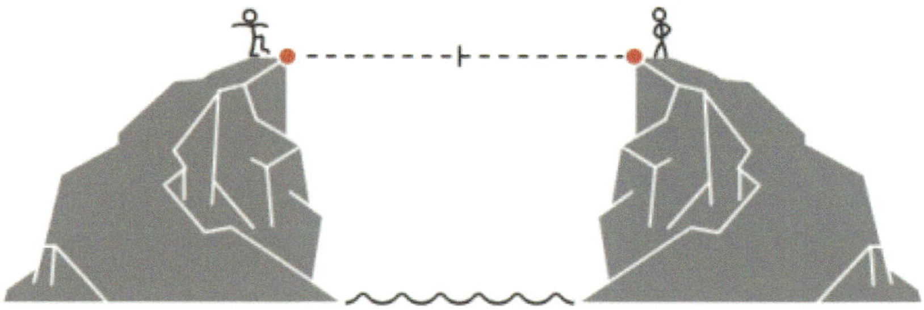

# Part 1

## 나는 누구인가?

-

한식의 정체성과 구조적 맛 철학

한식은 단순한 음식이 아닙니다.

생존의 기억, 공동체의 질서, 감정의 방식이

밥상 위에 구조로 녹아 있습니다.

이 파트는 한식의 뿌리와 정체성을 돌아보고,

왜 우리는 이 맛에 익숙한가를

다차원적으로 해석하는 출발점입니다.

# Chapter 1

# 한국인의 미각 DNA



## Unit 1. 생존의 요리 - 마늘, 쑥, 장아찌의 기억

한민족의 미각은 생존의 기억으로부터 출발합니다. 우리는 무엇보다 살기 위해 먹었습니다. 혹독한 겨울, 갑작스러운 전쟁, 기후의 급변 속에서 '오래 두고 먹을 수 있는 것', '병을 이겨낼 수 있는 것', '땅에서 바로 얻을 수 있는 것'이 자연스럽게 입맛의 기준이자 요리의 출발점이 되었습니다.

### 1. 쑥과 마늘 - 신화에 기록된 생존 미각

우리 신화 속 웅녀는 마늘과 쑥만 먹으며 동굴에서 100일을 버틴 곰입니다. 이는 단순한 신화가 아니라, 민족의 생존 전략을 상징적으로 보여주는 미각 코드입니다.

- 마늘은 강한 아린 맛과 향을 통해 살균·보존의 기능을 했고
- 쑥은 몸을 따뜻하게 하고 계절의 전환을 알려주는 생명 감각이었습니다.

이 2가지는 이후 수천 년을 지나 김치, 장아찌, 나물무침, 육류조미 등 한식 전체의 '감각 베이스'로 자리 잡게 됩니다.

## 2. 장아찌와 발효 - 염장의 미각적 유전자

우리는 냉장고 이전 시대를 오랫동안 살았습니다. 음식을 '살려두는 기술'은 생존의 열쇠였고, 그 중심에는 소금, 햇볕, 장독, 그리고 시간이 있었습니다.
장아찌는 단지 오래 두는 방식이 아니라, 맛의 변화를 저장하는 미각의 기술입니다. 시간이 지나며 짠맛은 줄고, 감칠맛과 신맛이 생깁니다. 이 과정이 바로 0차원(기본 맛)에서 4차원(시간) 구조로 나아가는 통로이기도 합니다.

## 3. 생존의 감각이 한식의 뼈대를 만들다

한식의 뿌리는 결국 '어떻게든 오래, 그리고 건강하게 먹는 법'에 있었습니다.

- 흙과 풀에서 얻은 단순한 재료
- 아린 맛, 쓴맛, 짠맛 같은 생존의 강한 맛
- 계절에 따라 달라지는 조리법과 보관 기술

이 모든 것이 지금 우리가 먹는 밥상의 감각 기반을 형성한 것입니다.



# Unit 2. 전쟁의 기억 - 끓임과 보존의 기술

한민족의 음식 구조는 전쟁과 재난, 이동과 피난의 기억 속에서 더욱 정교해졌습니다. 음식은 단순한 영양 공급이 아니라, 목숨을 지키고 공동체를 유지하기 위한 '전략'이었습니다. 그 전략의 핵심은 바로 끓이고, 저장하고, 나누는 기술이었습니다.

## 1. 끓이는 문화 - 삶아서 살린다

한식은 '끓이는 문화'로 대표됩니다. 국, 찌개, 전골, 탕 등은 단지 물리적 조리법이 아니라, 음식의 수명을 늘리고, 감염을 줄이며, 공동 식사 가능성을 높이는 생존 해법이었습니다.

**한식에서 끓이는 문화의 중요성은 무엇인가?**

- 고기를 삶아 기름기를 제거하고
- 약초나 마늘, 된장 등을 넣어 해독과 보존을 동시에 추구하며
- 여러 사람이 한솥밥을 나누어 먹는 공동체적 조리 구조를 형성했습니다.

끓임은 단순한 열처리가 아니라, 불안정한 시기를 살아가는 사람들의 심리적 안정을 담은 '감각적 응급처치'였던 셈입니다.

## 2. 발효와 건조 - 시간이 만든 맛의 기억

한반도는 냉장 시설이 없는 시대에 비교적 높은 습도와 큰 온도 차이라는 기후적 조건을 갖고 있었습니다. 이 속에서 발효(젓갈, 된장, 간장)와 건조(북어, 다시마, 무말랭이)는 보존을 위한 핵심 미각 기술로 정착하게 됩니다.

- 발효는 시간이 만드는 감칠맛이고,
- 건조는 수분을 줄여 저장성을 높이는 수단입니다.

이 2가지는 결국 0차원(기본 맛) → 3차원(지속감) → 4차원(시간)으로 이어지는 다차원 감각 설계의 출발점이 됩니다.

### 3. 기억이 구조가 된다 - 위기에서 완성된 맛의 틀

전쟁은 파괴였지만, 동시에 음식 구조의 정립기였습니다. 어떻게든 살아남아야 했던 시기, 우리는 끓이고 말리고 숙성시키며, 온 가족이 나눌 수 있는 구조를 정리해왔습니다.

이 기억은 지금도 김치찌개, 북엇국, 간장게장, 된장국 속에 남아 있습니다. 그 맛은 단순히 맛있는 것이 아니라, 생존을 설계한 감각의 지도였던 셈입니다.

이는 한식이 위기를 '맛의 언어'로 어떻게 전환해냈는지를 보여주며, 한식 구조의 실질적 원형이 '끓임'과 '보존'이라는 점을 다차원적으로 증명합니다.

## Unit 3. 나눔의 밥상 - 국과 반찬의 구조

한식의 밥상은 '나눔'을 기본 전제로 하는 구조를 가집니다. 개인 그릇에 담아 먹는 서구의 방식과 달리, 한식은 여럿이 함께 먹는 중심형 식탁을 통해 공동체적 감각과 식사의 윤리를 동시에 길러왔습니다.

**한식 식사 구조**

## 1. 국과 밥, 중심의 이중 구조

한식은 기본적으로 밥과 국이 1인당 하나씩 배정되며, 반찬은 중심에 두고 함께 나누는 형태입니다. 이 구조는 '개인의 생존 + 공동체의 조화'를 동시에 지향합니다.

- **밥**: 개별 생존의 단위
- **국**: 따뜻함과 수분 보충의 개인 구조
- **반찬**: 감각의 다양성과 공유의 윤리

즉, 한식의 밥상은 '입안의 다양성'과 '식탁 위의 연대'를 동시에 설계합니다.

## 2. 반찬의 배치 - 질서 있는 다양성

반찬은 무작위로 배치되지 않습니다. 짠맛은 김치나 장아찌로, 단백질은 육류·어패류 찜이나 구이로, 채소는 나물이나 숙채, 발효 식품은 감칠맛과 산도를 담당하며 배치됩니다. 이 반찬의 배열은 0차원(기본 맛)의 다양성을 확보하고, 1차원(맛 간 연결)과 3차원(입체 구조)의 균형을 맞추는 다차원적 맛의 흐름을 만듭니다.

## 3. '나눔'이라는 조리 철학

한식의 조리법은 개인 중심이 아니라 여럿이 먹기 위한 구조로 설계되어 있습니다. 전, 찌개, 탕, 나물류 모두 작은 조각으로 나누거나, 국자로 덜거나, 젓가락으로 공유할 수 있도록 조리됩니다. 이 나눔은 단지 방식이 아니라, 식사 그 자체가 공동체 의식의 연장이며, 감정의 공유임을 보여주는 문화적 감각 시스템입니다.
Unit 3는 한식의 식탁이 혼자가 아닌 함께 먹는 '구조적 감각'으로 어떻게 설계되었는가를 밝히며, 다차원 마리아주의 '문화적 전제 조건' 구조감을 설명합니다. 이는 한식을 온전히 이해하고 경험하기 위해서는 한국문화에 대한 깊은 이해가 선행되어야 한다는 의미입니다.

## Unit 4. 평등의 식사 - 모두 동시에 놓이는 반찬 구조

한식의 밥상은 매우 독특한 방식으로 차려집니다. 모든 음식이 동시에 식탁에 올라오는 '동시다발적 상차림', 바로 이것이 한식을 다른 세계 식문화와 구별 짓는 본질적 구조입니다.

### 1. 상차림의 방식 - 일시에 완성되는 다중 레이어

한식은 코스 요리처럼 한 접시씩 순차적으로 나오는 구조가 아닙니다. 밥, 국, 찬, 김치, 조림, 구이, 무침, 전, 나물 등이 한 번에 모두 식탁에 놓이는 구조입니다. 이는 곧 감각의 동시 경험, 즉 다양한 맛, 질감, 향을 순서 없이 조합하며 스스로 선택해 경험하는 입체적 설계를 의미합니다.

### 2. '위계 없는 맛의 민주주의'

모든 반찬이 동시에, 같은 위치에 놓이는 것은 단지 조리의 편의가 아니라, 문화적 철학을 담고 있습니다.

- 반찬에 우열이 없다.
- 모두가 같은 식탁에서 동일한 것을 나눈다.
- 선택의 자유는 먹는 사람에게 있다.

이 구조는 맛의 우선순위가 아닌, 균형과 조화의 감각을 키우며 위계 없이 함께 먹는 평등한 밥상의 윤리를 구현합니다.

### 3. 감각의 자율성과 구조적 다양성

이렇게 동시에 놓인 밥상은, 개인이 자신만의 맛의 조합을 구성할 수 있도록 감각적 자율성을 보장합니다.

- 누군가는 김치를 먼저,
- 누군가는 된장국에 밥을 말고,
- 누군가는 고기와 나물을 겹쳐 먹습니다.

한식은 이처럼 정해진 순서가 없는 구조, 그러나 정교하게 배열된 조화의 틀 속에서 입안의 다차원적 경험을 가능하게 하는 시스템입니다.

Unit 4는 한식의 비위계적, 비선형적 미각 구조가 결국 감정적 연대와 문화적 평등의 철학으로까지 연결된다는 점을 드러냅니다. 동시에 다차원 마리아주가 작동하기 위한 전제 조건, 즉 구조 위에 정서가 흐를 수 있는 미각 민주주의의 기반을 제시합니다.

Chapter 2

# 한식을 '구조'로 읽는 법

## Unit 1. 맛은 성분이 아니라 흐름과 층이다

우리는 종종 "이 음식은 짜다", "단맛이 강하다"라고 말합니다. 그러나 실제로 우리가 느끼는 '맛'은 단순한 성분의 총합이 아닙니다. 맛은 시간의 흐름 속에서 변하며, 다양한 감각 요소들이 중첩되어 만들어지는 입체 구조입니다.

### 1. 맛은 '지속성'과 '순간의 전환'을 가진다

한입을 먹는 순간, 우리는 단순한 감각 하나가 아닌 시간을 따라 흐르는 복합적 감각의 연속을 경험합니다. 이를테면 입에 넣자마자 단맛이 퍼지고, 씹는 중간에 고소함이 올라오며, 삼킨 후에는 매운맛이 남는 경우가 있습니다.

이 흐름은 물리적 구조와 조리 순서, 조미 재료 배합에 따라 다차원적으로 설계된 하나의 '맛의 시나리오'라 할 수 있습니다.

## 2. 성분보다 중요한 것은 '층위 구조'

**한식의 층위 구조**

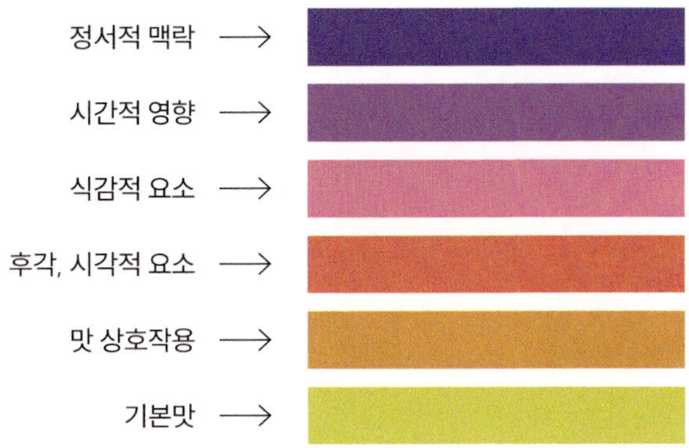


우리가 말하는 '층'이란 다음을 포함합니다.

- 0차원: 단맛, 짠맛, 신맛, 감칠맛, 쓴맛, 지방감
- 1차원: 맛 사이의 연결 – 상승, 중화, 대조, 강조
- 2차원: 향, 시각적 텍스처
- 3차원: 촉감적 텍스처, 입안의 배치감
- 4차원: 온도, 계절, 조리시간
- 5차원: 정서, 기억, 문화적 맥락

이러한 층이 쌓이고 흐르면서 한 접시의 음식이 '한 사람의 감각 여정'이 됩니다.

## 3. '맛'은 곡선이다. 점이 아니다

우리는 이제 맛을 단순한 '성분'으로 보지 않고, 곡선처럼 흐르는 감각의 선율로 읽어야 합니다. 이 곡선은 어떤 맛이 언제 등장하고, 어떻게 전환되며, 무엇을 남기는가로 구성됩니다. 특히 한식은 자연적·발효적·복합적 조미 방식으로 이 곡선을 더 깊고 섬세하게 만드는 전통을 가지고 있습니다.

Unit 1은 맛을 '양적 조합'이 아닌 '구조적 구성'으로 바라보는 감각의 시점 전환을 제안합니다. 이를 통해 음식을 단순히 '무엇이 들었나?'가 아니라 '어떤 흐름으로 느껴지며, 어떤 구조로 설계되었는가?'로 읽을 수 있습니다.

# Unit 2. 요리는 감정적 건축물이다

요리는 단지 배를 채우기 위한 기술이 아닙니다. 요리는 감정을 담아내는 구조물이며, 한 접시의 음식 안에는 정서적 질서와 심리적 레이어가 존재합니다. 특히 한식은 구조를 통해 감정을 전달하는 대표적인 감각 문화입니다.

## 1. 감정은 재료로 구현되지 않는다. 구조로 표현된다.

엄마의 국은 왜 그리 맛있었을까요? 그것은 단지 재료 때문이 아니라, 재료가 배치되고 조리되고 제공된 방식이 우리의 기억과 감정을 자극했기 때문입니다.

- 불 조절
- 국물의 진함
- 된장의 농도
- 따뜻한 온도와 덜어주는 방식

모두가 감정의 구조화된 표현입니다.

**어머니가 끓여주신 추억의 음식이 가진 맛의 비밀**

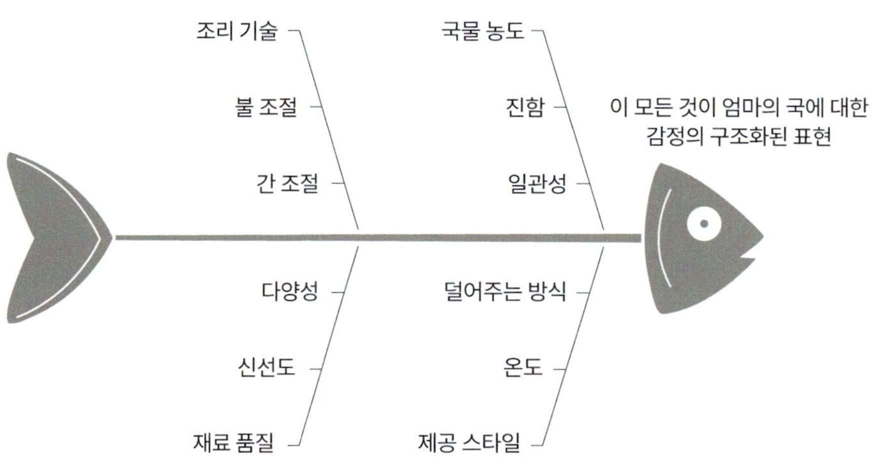

## 2. 한식은 감정의 설계를 전제로 한다

서양의 음식이 '순차적 서사 구조'를 따른다면, 한식은 '동시적 감정 설계'를 따릅니다. 밥, 국, 반찬이 한 번에 나오고, 그날의 날씨, 상차림의 분위기, 식사 상대와의 관계까지 고려되며 전체 감정 구조를 조율하는 건축물처럼 기능합니다.

이는 곧 음식이 감정의 형태로 정리되어 '위로', '회복', '축하', '집중'이라는 키워드로 맛을 코딩할 수 있음을 의미합니다.

## 3. 요리는 경험의 총체이자 기억의 건축

하나의 요리를 먹었을 때, 우리는

- 맛을 느끼고
- 질감을 기억하며
- 향을 연상하고
- 시간을 떠올립니다.

이 모든 감각은 단일 자극이 아니라, 감정이 담긴 건축 구조를 통과하며 발생하는 입체적 경험입니다. 따라서 요리는 그 자체로 한 사람의 정서를 구성하고 해석하는 건축적 매체라 할 수 있습니다.



# Unit 3. 한국인의 정서 키워드와 구조 대응

한식은 단지 재료의 조합이 아니라, 한국인의 감정 구조가 형성되고 발현되는 감각적 언어 체계입니다. 우리는 음식으로 위로받고, 마음을 표현하며, 때로는 밥상 위에서 인생을 나눕니다. 한국인의 핵심 정서 키워드를 통해 한식이 어떻게 그 정서를 '구조적으로' 구현하는지를 살펴봅시다.

## 1. 위로(Comfort) - 국물과 따뜻함의 구조

한식에서 '국'은 단지 수분 보충이 아닙니다.

- 된장국, 미역국, 북엇국은 모두 정서적으로 안정을 주는 회복의 구조물

→ 따뜻한 온도, 유동적인 질감, 발효의 깊은 향

→ 감정적 안정과 기억 회복의 매개

## 2. 공동체와 나눔(Togetherness) - 반찬과 상차림의 구조

모두가 함께 나누는 밥상, 반찬을 중심에 놓는 배열, 개인 중심이 아닌 공유 중심의 조리 구조는

- 사회적 유대
- 상호 배려
- 무언의 소통을 가능하게 만듭니다.

→ 이는 '함께 먹는 구조'의 3차원적 상호작용 공간이라 할 수 있습니다.

## 3. 분출과 해방(Spice & Intensity) - 매운맛과 발산의 구조

- 고추장, 청양고추, 김치찌개, 불고기 양념

→ 내면의 정서를 표출하고 정리하는 감각적 배출 통로

한국인은 내면의 정서를 직접적으로 말하기보다, 매운 음식으로 정서를 발산하고, 그 과정을 통해 감정을 '맛'으로 조절합니다.

→ 1차원적 대비(매움 + 단맛) → 감정 해방의 리듬

## 4. 기억과 추억(Nostalgia) - 장맛과 발효의 구조

된장, 간장, 젓갈, 장아찌… 이 모든 발효 식품은 '맛'이 아니라 시간이 응축된 감정의 층위입니다.

- 맛은 계속 변화하지만,
- 그 향은 그대로이며,
- 우리는 '그때 그 냄새'로 돌아갑니다.

→ 이는 4차원(시간의 구조)과 5차원(감정의 기억)이 만나는 미각 구조입니다.

## 감정은 구조로 설계된다

이처럼 한식은 0차원부터 5차원까지의 다차원 구조 속에서 감정적 키워드와 정서적 목적을 담아 입체적으로 구성된 감각적 시스템입니다. 이제 우리는 한식이 단지 음식이 아니라, 감정과 기억, 관계와 회복의 구조적 설계물이라는 사실을 구조로 증명하였습니다.

Chapter 3

# 다차원 맛 구조란 무엇인가

## Unit 1. 다차원 모델의 탄생(0D~5D)

한식을 이해하기 위한 기존의 접근은 대체로 재료, 조리법, 영양 중심의 '선형 분석'에 머물러 있었습니다. 하지만 실제로 우리가 한식을 경험할 때 느끼는 감각은 단순히 단맛·짠맛으로 설명되지 않습니다. 이 책에서 제시하는 '다차원 맛 구조(0D~5D)'는 한식의 감각적 복합성과 문화적 층위를 해석하기 위해 처음으로 미각 경험을 차원별로 구조화한 모델입니다.

### 0차원 – 맛의 성분(Fundamental Flavor Molecules)

- 단맛, 짠맛, 신맛, 쓴맛, 감칠맛

  \+ 지방감(고소함), 수분감

  \+ 한국인의 특수 보조 맛: 매운맛, 아린 맛, 떫은맛, 시원한 맛

→ 미각의 입자 수준으로 작용하며, 재료의 본성과 직결됩니다.

→ 주로 '입에 넣는 순간' 가장 먼저 인식됨.

**한국인의 특수 보조 맛**

## 1차원 - 맛 간의 연결과 관계(Taste Relation & Flow)

- 중화, 대비, 상승, 강조, 은폐 등의 관계 작용
- **예**: 단짠조합, 신맛으로 기름기 줄이기, 매운맛의 단맛 보완

→ 요리의 균형감, 또는 강조와 여운의 설계력이 결정됩니다.

## 2차원 - 향의 계열성과 표면 텍스처(Aroma & Surface Texture)

- **향 예시**: 스모키, 시트러스, 허브, 발효, 지방 등
- **표면 텍스처**: 부드러움, 아삭함, 끈적임, 바삭함 등

→ 향은 공기 중 감각, 표면 텍스처는 표면 촉감의 감각 설계입니다.

→ 이 차원은 입에 넣기 전의 후각적, 시각적 감각을 설계합니다.

## 3차원 - 입안의 감각 레이어(Inner Structure & Duration)

- 음식의 속질감, 겹 구조, 육즙, 입안의 감각 이동 경로
- **예**: 겉바속촉(처음 느껴지는 겉 부분은 바삭하고 속은 촉촉)

→ '음식의 시나리오'가 입안에서 펼쳐지는 감각적 입체 설계입니다.

## 4차원 - 시간과 계절, 조리의 리듬(Temporal & Seasonal Logic)

- 계절감, 발효·숙성의 시간성, 조리 단계별 감각 변화
- **예**: 제철 재료 사용, 숙성 고기의 깊은 맛

→ 음식이 '언제' 만들어졌는지, '어떤 시간감'을 가지는지 시간성의 흐름을 구조로 전환합니다.

## 5차원 - 감정, 문화, 기억의 통합(Emotion & Cultural Memory)

- 음식에 담긴 이야기, 정서, 문화 코드
- **예**: 엄마의 손맛, 설날 떡국, 김치의 정체성

→ 맛은 기억과 결합되고, 그 기억은 문화적 구조로 정리됩니다.

→ 5차원은 음식이 단지 맛있는 것을 넘어, '의미 있게' 만드는 차원입니다.

## Unit 2. 차원별 핵심 키워드 요약

다차원 구조(0D~5D)는 단순히 맛을 분석하는 도구가 아닙니다. 이 구조는 재료 선택, 조리 방식, 감각 설계, 문화 해석까지 음식의 전 과정에 통합적으로 적용되는 감각 설계의 좌표 체계입니다. 다음은 각 차원의 핵심 개념을 한눈에 요약한 표입니다.

| 차원 | 핵심 요소 | 감각 포인트 | 적용 예시 | 기능 요약 |
|---|---|---|---|---|
| 0차원 | 단맛, 짠맛, 신맛, 쓴맛, 감칠맛, 지방감, 수분감 + 매운맛, 아린 맛 | 입에 넣자마자 인지되는 기본 성분 맛 | 김치의 매운맛, 장아찌의 짠맛 | 맛의 구성 요소 |
| 1차원 | 맛 간 연결 – 상승, 중화, 강조, 대비 | 맛의 조화 또는 충돌을 설계 | 삼겹살 + 쌈장, 매콤한 찜닭 + 단맛 | 관계 설정 |
| 2차원 | 향 계열 (허브, 발효, 스모키 등), 표면 텍스처 | 입 전후의 향과 촉감 | 고등어구이의 비린내 + 탄 향, 김의 바삭한 표면 | 향/질감 설계 |
| 3차원 | 음식 내/외부의 층 구조, 씹힘, 육즙 | 입안의 흐름과 감각 전개 | 겉은 바삭하고 속은 촉촉한 전, 달걀찜의 부드러움 | 입체 레이어 구성 |
| 4차원 | 계절, 조리 시간, 숙성도, 제공 시점 | 언제, 어떻게, 얼마나 익었는가 | 장아찌의 숙성, 여름 콩국수 | 시간/계절의 맥락화 |
| 5차원 | 감정, 문화, 기억, 의례성 | 정서와 의미를 내포한 맛 | 한 해를 시작하는 설날 떡국, 엄마의 손맛이 느껴지는 김치찌개 | 문화적 의미 부여 |

위 표는 각 차원이 실질적으로 어떤 조리, 감각, 연출에 활용될 수 있는지를 보여주며, 앞으로 나올 다차원 레시피와 마리아주 페어링에서 실용적으로 적용될 것입니다.

## Unit 3. 구조화된 요리는 왜 실용적인가?

요리를 구조화한다는 것은 단순히 맛을 분석하는 것이 아니라, 맛을 '재현 가능하게' 만들고, 감각을 '설계 가능하게' 만든다는 뜻입니다. 이는 요리를 학습, 전달, 창작할 수 있는 도구로 바꿔주는 실용적 전환입니다.

### 1. 맛을 '언어'로 설명할 수 있게 된다

요리의 감각은 주관적입니다. 하지만 구조화된 언어로 정리하면, 재료·조리·표현·감정 흐름까지 '공유 가능'한 지식으로 전환됩니다.

- "국물이 진하다" → 0차원(감칠맛), 3차원(점도), 4차원(장시간 우림)
- "느끼하다" → 0차원(지방감 과잉), 1차원(산미 부족), 2차원(끈적한 질감)

→ 주관적 느낌을 구조적으로 설명 가능하게 함

### 2. 재현성과 창의성이 동시에 높아진다

다차원 구조는 레시피를 공식화하면서도, 변형할 수 있는 '감각 설계도'로 기능합니다.

- 기존 요리를 동일하게 재현 가능
- 새로운 재료로 차원 대응하면 창의적 변형 가능

예를 들어, 김치찌개의 구조를 분석하면 된장, 버섯, 두부 등으로도 유사 감각 흐름 설계가 가능합니다.

### 3. 요리 실력의 향상과 브랜딩 전략에 효과적이다

초보자에게는 기초 맛의 논리를 제공하고, 전문가에게는 감각 구조를 차별화된 콘셉트로 변환하는 기반이 됩니다.

- '매콤한 찜닭'을 '3차원 스파이시 - 스위트 흐름 요리'로 재구성

- 외식 브랜드에서 다차원 키워드 기반 메뉴 설명 가능

→ 콘텐츠, 브랜딩, 교육 모두에 적용 가능한 다차원 실용 도구

## 다차원 구조는 '설계할 수 있는 요리'를 만든다

한식은 전통적으로 감각적이고 경험적인 문화입니다. 이제 우리는 그 감각을 구조로 해석하고, 전달 가능한 지식으로 전환함으로써 실용성을 획득합니다. 다차원 구조는 단순히 맛의 분석이 아니라, 요리를 공유 가능한 감각 설계로 바꾸는 실용적 해석 도구입니다.

# Part 2

## 다차원 맛 구조 해설

-

0차원~5차원

다차원 맛 구조

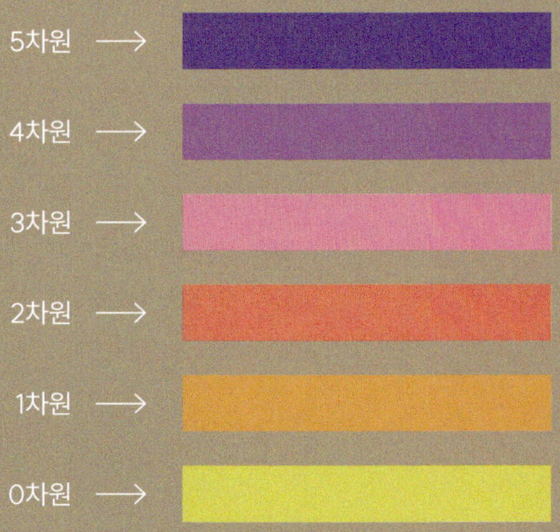

0차원~5차원은 모든 한식의
감각 구조를 이루는 핵심 틀입니다.
PART 2에서는 각 차원의 의미, 구성 요소, 구조적 특징,
그리고 실제 요리 적용 방안을 순서대로 설명합니다.

Chapter 4

# 0차원 - 기본 맛 성분의 미세 구조

## Unit 1. 6가지 기본 맛 - 단, 짠, 신, 쓴, 감칠맛, 지방맛

0차원은 '맛의 점dot'입니다. 모든 감각의 시작점이며, 재료와 조미료가 가진 화학적 성분의 영역입니다. 0차원은 미각의 출발점입니다. 이는 요리의 감각 구조에서 가장 기초적인 층, 즉 '성분적 맛'의 층위를 말합니다. '0차원'이라는 명명은 단순히 이론적인 구분이 아니라, 요리의 감각적 구조화를 위한 출발 좌표입니다.

| 맛 | 기능 요약 |
| --- | --- |
| **단맛** | 탄수화물의 안정감, 후각과 시너지 유발 |
| **짠맛** | 나트륨의 미세 자극, 음식의 기본적 존재감 부여 |
| **신맛** | 산도 자극, 타이밍 조절자 역할(입맛 열기/닫기) |
| **쓴맛** | 조화보다는 대비 강조, 성숙한 맛의 코드 |
| **감칠맛** | 단백질 유래, 깊이감의 핵심(예: 멸치, 다시마) |
| **지방맛** | 고소함·묵직함, 감각 유지력 강화, 입안 코팅 작용 |

▶ Note: '지방맛'은 최근 과학적으로 '독립된 맛 수용체'를 가진 기본 맛으로 인정받고 있습니다. 지방맛과 지방감은 언뜻 유사하지만, 본 도서에서는 감각 구조상 다른 차원에 위치한 개념으로 구분하였습니다. 지방맛은 기본 맛 요소인 0차원으로, 지방이 포함된 식재료의 고소함, 풍미 감각을 의미합니다. 지방감은 2차원의 표면 텍스처인 유분의 질감과 코팅감, 그리고 3차원의 맛의 층위와 식감, 베이스노트를 의미합니다. 비빔밥의 참기름을 예로 들면, 참기름의 고소한 맛(0D)은 지방맛

으로, 참기름의 향과 코팅감(2D) 그리고 기름의 지속감(3D)은 지방감을 의미합니다.

지방맛을 0차원으로 구분한 이유는 조리 실무자에게 직관적이고 재현 가능한 감각 언어를 제공하기 위함입니다. 식품영양학적인 분석보다는 조리 실무를 기준으로 감각 중심의 실천을 위해서 지방맛을 근원적 맛 요소로 설정하였습니다.

▶ Note: 6가지 기본 맛과 함께 '수분감'과 '발효감'도 0차원으로 구분하였습니다.

'수분감'은 다차원 감각 구조에서 자주 간과되지만, 요리의 전체 인상과 입안 흐름을 좌우하는 핵심 감각 요소입니다. 수분감은 입안에 머무는 수분의 양과 감각적 흐름으로 물기, 촉촉함, 즙기, 농도 등을 포함한 종합적 감각에 영향을 미칩니다. 또한 다른 맛 요소(짠맛, 감칠맛 등)의 전달 통로로 감각 중심의 실천을 위해 수분감도 체감 가능한 감각 요소라 판단하여 맛 요소로 설정하였습니다.

'발효감'을 0차원에 설정한 이유는 발효가 단순한 향이나 조리 방식이 아니라 맛의 근본 축을 바꾸는 화학적·감각적 변환이기 때문입니다. 발효는 기본 맛의 볼륨을 변화시킵니다. 6가지 기본 맛의 강도와 균형을 직접 변화시키므로, 향이나 질감 차원보다 더 근원적 위치인 기본 맛의 요소로 설정하였습니다.



## Unit 2. 한국인의 보조 맛 4가지 - 매운맛, 아린 맛, 떫은맛, 시원한 맛

0차원에는 단지 기본 맛만이 있는 것이 아닙니다. 기본 맛 외에도, 문화적으로 중요하고 생리적으로 감지되는 감각들이 존재합니다. 한민족의 미각 구조에는 특유의 보조 감각 4가지가 강하게 자리합니다.

| 보조 맛 | 감각적 정의 | 주요 재료 | 기능 |
|---|---|---|---|
| 매운맛 | 통각적 자극 | 고추, 고추장 | 각성, 정화 |
| 아린 맛 | 화학적 자극 | 생마늘, 양파 | 생존, 활력 |
| 떫은맛 | 침의 응집감 | 감, 팥, 녹차 | 수렴, 절제 |
| 시원한 맛 | 온도감/청량감 | 동치미, 냉면 | 해방, 계절감 |

▶ 매운맛과 아린 맛은 미각 수용체보다는 통각 신경에 가깝지만, 한식에서는 '정서적 맛'으로 기능하기 때문에 구조적 분류에 포함됩니다.

## Unit 3. 한식에서 0차원이 중요한 이유

0차원은 모든 감각 구조의 기초 데이터입니다. 한식에서는 특히 다음 3가지 이유로 0차원의 정밀한 해석이 필수적입니다.

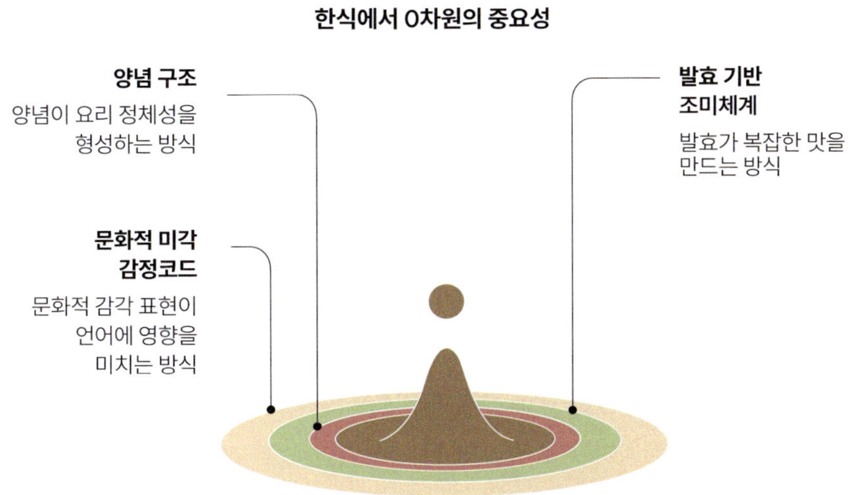


### 1. 양념 구조의 주도성

- 한식은 재료보다 양념의 성격이 요리 전체의 정체성을 결정합니다.
- 따라서 0차원 맛의 구성은 곧 '요리의 언어'를 결정하는 셈입니다.

### 2. 발효 기반 조미체계

- 된장, 고추장, 젓갈 등은 감칠맛, 염도, 산미가 복합적으로 공존
- 이는 다차원으로 확장되는 출발점입니다.

### 3. 문화적 미각 감정코드

- '시원하다', '아리다', '맵다'와 같은 표현은 모두 0차원 기반의 감각
- 한국어 자체가 0차원 감각 중심으로 발달했음을 보여줍니다.

## Unit 4. 실전 예: 갈비찜, 김치찌개, 냉면 - 한식 감각 중심축의 대표 사례

### 1. 갈비찜

#### 핵심 감각 구조

- 단짠의 조화(0차원 중심)
- 감칠맛(간장, 고기 자체)
- 지방감(육즙) + 단맛(배, 설탕)

#### 해석

갈비찜은 대표적인 0차원 감각 조화형 요리입니다. 짠맛(간장)과 단맛(배, 설탕)의 비율이 중심을 형성하며, 고기의 감칠맛과 육즙에서 나오는 지방감이 전체를 감싸는 구조입니다.

→ 보조 맛이 거의 부재하며, 매운맛, 신맛 없이 안정된 미감을 형성합니다. 이로 인해 정서적 안정감, 명절의 포만감, 가족적 따뜻함을 전달하는 음식으로 기능합니다.

## 2. 김치찌개

### 핵심 감각 구조

- 신맛(숙성 김치)
- 매운맛(고춧가루)
- 감칠맛(돼지고기, 멸치, 국물 베이스)
- 지방감(삼겹살 등)

### 해석

김치찌개는 0차원 기본 맛 요소 4가지가 강하게 공존하는 복합 감각 구조입니다.

- 신맛은 숙성 발효의 산미
- 매운맛은 고춧가루와 기름의 조합
- 감칠맛은 멸치육수·돼지고기
- 지방감은 고기의 기름 성분싸는 구조입니다.

→ 보조 자극과 향이 강하며, 향·텍스처까지 포함하면 1~2차원 구조가 입체적으로 표현됩니다. 이는 한국인의 정서에서 '해장', '일상 위로', '감정 해소'로 기능하는 감각적 역할을 합니다.

## 3. 냉면

### 핵심 감각 구조

- 신맛(식초, 겨자)
- 단맛(육수 베이스)
- 떫은맛(메밀 면)
- 시원한 맛(온도, 배, 오이)



### 해석

냉면은 0차원 + 온도 기반 보조 맛 구조가 특징입니다. 떫은맛과 신맛이 강조되며, 시원함이라는 감각이 텍스처와 온도의 상호작용으로 구현됩니다.

→ 냉면은 계절성 음식의 대표로, 여름의 청량감과 절제된 감정을 전하는 감각 코드입니다. 단맛과 신맛의 대비, 찬 기운이 감정적 긴장 완화에 기여합니다.

Chapter 5

# 1~3차원 - 맛의 흐름, 향, 질감

## Unit 1. 1차원: 선형적 맛 흐름 - 상승, 대비, 중화

1차원은 맛이 시간적으로 연결되는 선형 구조입니다.

입에 넣는 순간 → 씹는 중 → 삼킨 후까지 감각이 변화·흐름·관계성을 갖는 차원입니다.

**다차원의 핵심 개념: 맛의 관계성**

| 관계 유형 | 설명 | 예시(한식) |
|---|---|---|
| 상승(Synergy) | 서로 다른 맛이 만나 상호 증폭 | 단짠 조화(갈비찜의 간장 + 배) |
| 대비(Contrast) | 상반된 맛이 충돌하며 입체감 형성 | 비빔냉면의 단맛 + 신맛 + 매운맛 |
| 중화(Balance) | 강한 맛을 부드럽게 조절 | 삼겹살 + 상추 + 마늘의 구조 |

▶ 1차원은 요리의 '스토리 라인'입니다. 감정의 흐름, 리듬, 강약이 모두 이 차원에서 설계됩니다.

## Unit 2. 2차원: 향의 구조 - 탑/미들/베이스노트

2차원은 '향'과 '표면 질감'의 구조입니다. 특히 향은 시간성과 휘발성에 따라 3단계 노트 구조로 이해됩니다. 이는 향수 이론에서 가져온 개념이지만, 음식에도 완벽히 적용됩니다. 음식의 향도 구조입니다. 향은 단일하지 않으며 시간 흐름에 따라 겹겹이 인식됩니다.

**향의 3단계 구조**

| 노트 구분 | 특징 | 주요 재료 예시 | 인식 시점 |
|---|---|---|---|
| 탑노트 (Top Note) | 가볍고 빠르게 휘발 | 시트러스, 생허브 | 요리 직전 또는 첫입 |
| 미들노트 (Middle Note) | 핵심 향, 요리의 인상 | 마늘, 간장, 된장 | 씹는 중간 |
| 베이스노트 (Base Note) | 잔향, 여운 | 참기름, 육향, 발효향 | 삼킨 후, 잔상 |

### ▶ 노트란?

노트note는 감각이 시간의 흐름에 따라 단계적으로 느껴지는 구조를 뜻합니다. 맛이나 향에서 각각 처음, 중간, 끝의 감각 흐름으로 나눠 설명할 수 있습니다.

예시로 이해해볼까요?

김치찌개를 먹었을 때

- **탑노트**: 입에 넣자마자 확 치는 신맛과 매운맛(숙성김치, 고춧가루)
- **미들노트**: 씹을수록 나오는 돼지고기 감칠맛과 국물의 조화
- **베이스노트**: 삼킨 후 남는 된장, 멸치육수의 구수한 잔향



## Unit 3. 3차원: 질감 구조 - 온도·겉과 속의 입체적 구성

3차원은 '질감Texture'의 층위입니다. 이 차원은 요리의 입체감, 단계성, 그리고 촉각적 감각을 설계합니다. 입자감, 밀도, 점도, 탄성, 바삭함 같은 물리적 요소와 그 배열로 음식의 입체감과 단계성을 설계하지만, 입안의 흐름이라는 측면에서 향과 맛, 온도를 포함한 다양한 감각도 포함하여 반영합니다. 레시피 폼의 3단계 구성이 향과 맛을 포함하는 이유입니다.

**3차원의 핵심 요소**

| 요소 | 설명 | 예시(한식) |
|---|---|---|
| 온도 대비 | 뜨거움 vs 차가움 | 냉면 육수 + 삶은 달걀 |
| 겉 – 속 구조 | 표면과 내부의 텍스처 차이 | 전: 바삭한 겉 + 부드러운 속 |
| 다단계 질감 | 씹는 감촉의 단계성 | 김치: 아삭 → 매끈 → 발효 탄력감 |

▶ 질감은 감정과 직결됩니다. '바삭함'은 흥미, '쫀득함'은 몰입, '부드러움'은 위로의 감각을 줍니다.

질감 구조를 3단계 노트를 활용하여 설명하면 질감의 층위가 보다 명확해집니다.

**질감의 3단계 구조**

| 노트 구분 | 특징 | 주요 질감 예시 | 인식 시점 |
|---|---|---|---|
| 탑노트 (첫인상) | 음식이 입에 닿는 순간, 가장 먼저 인지되는 질감. 강렬하거나 선명한 인상 | 바삭함(튀김), 시원함(냉채), 부드러움(크림) | 입안에 들어온 직후 |
| 미들노트 (중간 확산) | 씹거나 머금는 동안 입안 전체에 퍼지는 질감. 음식의 성격과 조화가 드러나는 구간 | 촉촉함(빵), 육즙(고기), 쫄깃함(면), 부드러운 속살(찜) | 씹기 시작한 직후 |
| 베이스노트 (마무리 여운) | 삼키기 직후 또는 삼킨 후 남는 질감 | 고소한 지방감, 매운 열감 | 삼킨 직후 |

예시로 이해해볼까요?

김치찌개를 먹었을 때

- **탑노트**: 국물이 입에 닿는 순간 맑으면서도 약간 걸쭉한 국물, 부드러운 두부의 표면감
- **미들노트**: 김치의 아삭함과 돼지고기의 탄력, 채소의 부드러운 조직감
- **베이스노트**: 은근한 기름 코팅감, 매운 뒷맛의 열감

**요약: 1~3차원의 감각 연속성**

| 차원 | 핵심 키워드 | 인식 방식 | 요리 예시 |
|---|---|---|---|
| **1차원** | 맛의 흐름 | 시간적 관계 | 비빔밥, 떡볶이 |
| **2차원** | 향의 레이어 | 휘발성과 감성 | 된장찌개, 깻잎무침 |
| **3차원** | 질감의 입체 | 촉각과 구성 | 잡채, 전, 김치 |

Chapter 6

# 4~5차원 -
# 시간, 문화, 정서

## Unit 1. 4차원: 계절감, 조리 시간, 숙성 흐름

4차원은 시간의 맥락을 담은 맛의 구조입니다. 조리는 단순히 익히는 행위를 넘어, 시간을 통한 맛의 농축과 레이어 형성을 뜻합니다. 예를 들어, 갈비찜은 오랜 조리 끝에야 감칠맛과 풍미가 조화롭게 응결됩니다. 이는 단시간 조리로는 얻을 수 없는 '시간이 만든 감각층'입니다. 숙성은 재료가 시간에 따라 스스로 변모하는 감각입니다. 청국장, 묵은지처럼 숙성된 식재는 혀에 닿는 깊이와 향의 지속성까지 달라지며, 이는 시간의 흐름이 감각으로 번역된 결과입니다.

또한, 계절감은 음식의 감각을 바꾸는 중요한 요소입니다. 냉면의 청량함은 여름의 해방감과, 갈비찜의 따뜻함은 겨울의 위로와 연결됩니다. 같은 음식이라도 언제 먹느냐에 따라 감각의 의미가 달라지는 것입니다. 따라서 4차원은 단순한 시간 단위를 넘어서, 맛, 계절, 감정이 하나로 얽히는 시간적 감각 구조를 의미합니다.

음식은 다음 3가지로 구성됩니다.

• **조리 시간**(Cooking Duration)

조리는 단순히 익히는 행위가 아니라, 시간에 따라 맛의 밀도와 레이어를 설계하는 과정입니다. 갈비찜은 1시간 이상 끓일 때야 비로소 감칠맛이 농축되고, 고기와 간장의 풍미가 하나로 응결됩니다. 이는 짧은 조리로는 구현되지 않는, 시간의 누적이 만든 감각층입니다.

• **숙성**(Fermentation/Maturation)

숙성은 '재료의 시간이 스스로 발효하는 것'입니다. 청국장, 묵은지, 조선간장 등은 단순한 맛을 넘어, 발효와 숙성을 통해 다차원적 감각 구조를 형성합니다. 이 구조는 혀에서 퍼지는 속도, 깊이, 향의 베이스노트까지도 달라지게 만듭니다. 숙성은 말하자면, 시간이 만든 감각적 농도입니다.

• **계절감**(Seasonality)

음식은 어느 계절에 먹는가에 따라 전혀 다른 감각적 언어를 지닙니다. 예를 들어, 냉면은 여름에 먹을 때는 청령함을, 겨울에는 선명한 긴장감을 줍니다. 갈비찜은 겨울철의 따뜻함, 콩국수는 여름철의 시원한 감정과 직결됩니다. 이는 기온, 햇빛, 정서 상태, 문화적 분위기에 따라 감각의 맥락이 바뀌는 구조입니다.

**4차원의 세부 요소**

| 요소 | 의미 | 요리 예시 |
|---|---|---|
| **계절감** | 계절과 연관된 맛의 직관 | 동치미(겨울), 민어탕(여름) |
| **조리 시간** | 익힘 정도와 시간의 감각화 | 수육 vs 졸깃한 삼겹살 |
| **숙성 흐름** | 발효, 묵힘, 저온 보관 등 | 된장, 김치, 묵은지찜 |

## Unit 2. 5차원: 정서·기억·문화 코드

5차원은 음식이 문화, 감정, 기억과 연결되는 차원입니다. 음식은 단순한 '먹는 물질'이 아니라, '살았던 시간'과 '삶의 기억'을 상징합니다.

**5차원의 구성**

| 요소 | 설명 | 예시 |
|---|---|---|
| 정서(Emotion) | 음식이 유발하는 감정 | 어머니 김치 → 그리움 |
| 기억(Memory) | 특정 경험과 연결된 미각 | 유년의 떡볶이 → 즐거움 |
| 문화(Culture) | 집단의 정체성과 연결된 의미 | 제사 음식 → 전통·공동체 |

▶ "밥 한 그릇에는 감정이 담겨 있다"라는 말은, 5차원적 인식의 핵심입니다.

### 학문적 기반

- 문화기호학에서는 음식도 언어처럼 '코드'로 해석됩니다.
- **예**: 김치는 단순한 발효 음식이 아니라 '저장과 기다림, 여성의 노동, 계절의 인내'라는 코드의 집합입니다.

## Unit 3. 감정 코딩은 어디까지 확장 가능한가

5차원의 마지막 확장 가능성은 바로 '감정 코딩'입니다. 즉, 요리의 구조를 통해 감정을 기획하고 전달하고 설계하는 단계로 진입하는 것입니다.

| 감정 | 구조 요소 | 예시 요리 | 기능 |
|---|---|---|---|
| **위로** | 부드러운 질감 + 따뜻한 온도 | 미역국 | 포용감, 회복감 |
| **집중** | 고소함 + 단짠의 밀도 | 갈비찜 | 몰입, 강화 |
| **해방** | 매운맛 + 시원한 맛 | 냉면, 제육볶음 | 스트레스 해소 |

▶ 이 책에서는 감정 코딩의 이론적 가능성을 소개하고, 다음 책에서 AI 감정 설계 기반 요리 구조화로 본격 확장할 예정입니다.

**요약표: 4~5차원의 비교**

| 차원 | 인식 방식 | 중심 요소 | 요리의 예 |
|---|---|---|---|
| **4차원** | 시간성 | 계절, 익힘, 숙성 | 묵은지, 설렁탕 |
| **5차원** | 정서성 | 기억, 감정, 문화 | 제사상, 어머니 반찬 |

# Part 3

## 실전 적용

-

한식 요리 × 다차원 레시피 × 마리아주

한식 요리를 다차원 감각 구조로 해석하고,
전통주·디저트와의 궁합까지 설계하는
실전 마리아주 레시피 파트입니다.
재료 – 감각 – 정서 – 계절을 연결하여,
기억에 남는 맛의 테이블을 완성합니다.

# Chapter 7
# 다차원 레시피 폼 설계



## Unit 1. 기존 레시피의 한계와 오해

우리는 수많은 요리 레시피를 쉽게 검색하고 따라 할 수 있는 시대에 살고 있습니다. 하지만 그 수많은 레시피 속에서 '정확히 왜 이 맛이 나는가?', '어떻게 조합하면 감각이 구조적으로 흐르는가?'를 설명해주는 경우는 드뭅니다.

### 1. 계량 중심 레시피의 한계

대부분의 레시피는 숫자 기반의 정량적 정보(1큰술, 100g 등)에 의존합니다. 하지만 맛은 물리적 계량만으로 결정되지 않습니다. 재료의 상태, 조리 시간, 개인의 감각 수용성 등은 숫자로 환원할 수 없는 요소입니다.

- **예**: '고추장 2큰술'이라는 정보는 고추장의 염도, 매운맛, 숙성도에 따라 전혀 다른 결과를 만듭니다.

### 2. 감각 흐름 없는 '단계 나열식' 설명

기존 레시피는 단순한 순서 나열로 끝나는 경우가 많습니다.

1. 재료 손질
2. 양념 섞기

3. 볶기

4. 마무리

→ 그러나 그 순서 속에 '왜 지금 이 단계를 수행해야 하는가?', '이 조리법이 어떤 맛 구조를 형성하는가?'에 대한 감각적 이유는 빠져 있습니다.

## 3. '전체 구조'가 보이지 않는 요리법

• 기존 레시피는 요리를 하나의 '단위 사건'으로만 다룹니다.

→ 감정 흐름, 계절성, 질감 변화, 페어링 구조 등은 무시됩니다.

• 따라서 요리를 하는 사람은 '외워야만 하는 정보'에 의존하게 됩니다.

→ 이것이 초보 요리자에게 가장 큰 장벽입니다.



## 4. '감정'과 '상황'을 반영하지 못하는 레시피

• 같은 김치찌개라도 '혼자 먹는 날'과 '가족이 모인 날'의 감정과 맥락은 다릅니다.

• 그러나 기존 레시피는 '상황성 없는 기계적 요리법'에 머물러 있습니다.

**핵심 정리**

| 기존 레시피의 특징 | 다차원적 한계 |
|---|---|
| **계량 정보에 의존** | 감각의 맥락을 설명하지 못함 |
| **순서 나열식 조리법** | 구조의 이유와 감정 흐름 없음 |
| **상황 독립적** | 계절, 정서, 시간성 반영 부족 |
| **외우는 방식** | 감각의 언어로 구조화되지 않음 |

따라서 우리는 지금, '요리를 감각의 언어로 구조화하는 새로운 레시피 방식', 즉 다차원 레시피 폼이 필요한 시점에 와 있습니다.

# Unit 2. 다차원 레시피의 실용 단위 체계

## 1. 다차원 레시피 폼을 만들기 위한 실용 단위 체계 - 맛을 수치로 표현한다는 것의 의미

### 왜 '수치'가 필요한가?

요리에는 감각과 정성이 중요하지만, 정확한 구조화 없이는 '전달'이 어렵습니다. 우리는 맛을 글로 설명할 수 있는 수치 언어를 만들고자 합니다.

## 2. 감각 비중(Flavor Intensity Index: 0~1)

### 1) 감각 비중이란?

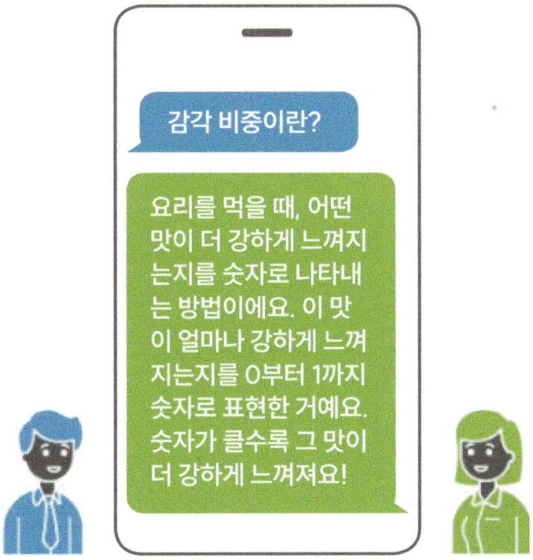


요리를 먹을 때, 어떤 맛이 더 강하게 느껴지는지를 숫자로 나타내는 방법입니다. 이 맛이 얼마나 강하게 느껴지는지를 0부터 1까지 숫자로 표현한 것입니다. 숫자가 클수록 그 맛이 더 강하게 느껴집니다!

**이렇게 생각해보세요**

- 어떤 요리를 그림으로 그린다고 상상해보세요.
- 그 그림 안에 짠맛, 단맛, 감칠맛 같은 색깔이 들어있습니다.
- 어떤 색이 더 많이 들어갔을까요?

→ 그것이 바로 감각 비중입니다.

이 수치는 정확한 계량값(%)이 아닌, 감각적 구조 분석의 시각화 도구입니다.

| 감각 비중 | 의미 | 예시 표현 |
|---|---|---|
| 0.1~0.2 | 거의 느껴지지 않는 정도 | "단맛이 살짝 있다" |
| 0.3~0.4 | 조화를 이루는 정도 | "짠맛과 단맛이 균형을 이룬다" |
| 0.5~0.6 | 중심적인 강도 | "감칠맛이 이 요리의 핵심이다" |
| 0.7 이상 | 아주 강한 맛 | "매운맛이 확 느껴진다" |

예를 들어 말하면…

"이 요리는 단맛이 조금 나고, 짠맛이 제일 강하네!" → 그래서 단맛은 0.3, 짠맛은 0.5라고 적는 겁니다.

**예시: 갈비찜**

| 맛 | 느낌 | 감각 비중 |
|---|---|---|
| **짠맛** | 제일 먼저, 가장 강한 맛(간장) | 0.5(중심 맛) |
| **단맛** | 뒤에서 도와주는 맛(배, 설탕) | 0.3(조화 맛) |
| **감칠맛** | 고기 국물처럼 깊은 맛 | 0.4(깊은 맛) |



### 2) 왜 이런 수치가 필요한가요?

- 요리의 감각 밸런스를 구조적으로 시각화하기 위해
- AI와 함께 감각 설계를 할 때 정량 - 정성 융합 지표로 사용 가능
- 초보자도 '이 요리의 핵심 맛이 뭔지' 직관적으로 파악 가능

### 3) 왜 0~1 사이 숫자?(비율 표현 방식)

#### ① 수학과 과학의 공통 언어

- AI, 데이터 분석, 감각 지도 만들기 등에서는 비율scale 표현이 필요합니다.
- 0~1 사이 숫자는 전체 중 어느 정도를 차지하는지 쉽게 보여줍니다.

### ② 합계가 직관적

- **예**: 단맛 0.3 + 짠맛 0.5 + 감칠맛 0.2 → 합치면 1(100%)
- 요리 전체에서 어떤 맛이 몇 퍼센트 정도 느껴지는지 가늠하기 쉬워집니다.

### ③ 시각화와 그래프 표현에 유리

- AI나 요리 교육 시스템에선 숫자로 시각화해야 합니다.

## 3. 맛의 기준 수치

현대의 요리 설계는 단순한 조리법을 넘어, 감각적 흐름과 계절성, 그리고 정서 구조까지 담아내는 총체적인 설계 작업으로 확장되고 있습니다. 하지만 지금까지의 레시피 구조는 대부분 '정량적 중량'만을 기입하는 방식으로 구성되어 왔으며, 이러한 방식은 결과적으로 요리 속 감각 구조를 명확히 드러내기에는 한계가 있습니다.

특히 한식의 경우, '맛의 중심축'이 매우 다양하고 유동적인 특성을 가지기 때문에, 기존의 단일 계량 방식만으로는 다음과 같은 질문들, 이를테면 짠맛이 중심인지, 감칠맛 구조가 리드하는지, 향이 피날레를 맡는지와 같은 '감각의 구성 흐름'을 독립적으로 설명해내기가 매우 어렵습니다. 이에 따라, 요리 안에서 실질적으로 감각을 형성하는 재료 간의 상대적 영향도와 감각 설계에서의 중심 비율을 따로 표현할 수 있는 새로운 수단이 필요하다고 판단하였습니다.

그 해답이 바로, 본서에서 처음으로 제안하는 감각 기반 수치 언어인 '기준 수치(%)'입니다.

### 1) 기준 수치(%)란 무엇인가?

기준 수치(%)는, 조리 전체의 중량적 합산을 100%로 설정하는 일반적인 '배합표'와는 다릅니다. 이는 감각 설계에서 중심적인 역할을 수행하는 핵심 재료군만을 선별하여, 그 상대적인 사용 비중을 백분율로 표현한 감각 기반의 조리 수치 언어입니다.

**감각 설계 피라미드**

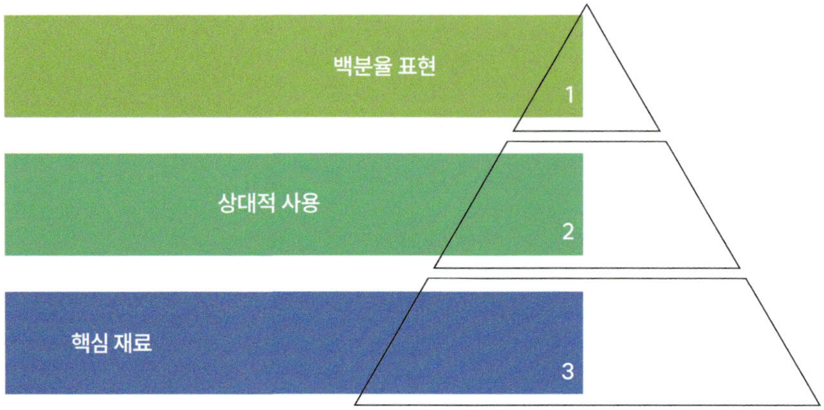


즉, 기준 수치는 단순한 계량 수치를 넘어, 요리의 감각 흐름을 설계하고 전달하는 구조적 단위로 기능합니다. 이러한 방식은 특히 한식처럼, 감정과 기억, 계절성과 향의 흐름이 중요하게 작용하는 요리에 있어 더욱 명확하고 실용적인 설명 수단이 되어줍니다.



### 2) 기존 계량 방식과의 차이점

| 항목 | 일반적 조리 계량 | 기준 수치(%) |
|---|---|---|
| **목적** | 전체 조리용 배합 | 감각 중심 구조화 |
| **단위** | g, ml 중심 | %로 환산된 상대적 비율 |
| **대상** | 전 재료 포함 | 감각 유효 재료만 포함 |
| **총합** | 100% 맞춤 지향 | 100% 미만도 가능 |
| **활용** | 배합 조리 중심 | 콘텐츠, R&D, 감각 교육 중심 |

### 3) 기준 수치(%)는 왜 100%가 아닐 수 있는가?

이는 매우 중요한 지점입니다. 기준 수치에서는 물, 국물, 증발성 재료, 장식 또는 데커레이션용 재료 등 감각 구조의 중심에 해당하지 않는 요소들은 생략되며, 그 대신 짠맛, 감칠맛, 단맛, 향, 지방감 등 '요리의 감각적 설계 중심축'을 형성하는 재료들만 기준 수치의 대상이 됩니다.

감각 설계의 기준 수치

따라서 실무에서의 표기 방식에서는 전체 합산 기준 수치가 대개 60~90% 내외로 제시되는 것이 일반적입니다.
이는 단점이 아니라, 오히려 요리의 감각 설계를 더욱 명확하고 구조적으로 해석할 수 있도록 돕는 장점으로 작용합니다.
즉, 기준 수치가 100%를 맞추지 않더라도, 그 남은 여백은 '감각 중심이 아닌 보조적 재료들'로 구성된다는 점을 명시적으로 드러냄으로써, 조리자와 기획자 모두에게 더욱 효율적인 감각 설계 도구로 기능하게 되는 것입니다.

## 4) 감각 비중(0~1)과의 차별성과 보완성

기준 수치(%)는 '중량적 비율 중심의 감각 구조 언어'이며, 감각 비중(0~1)은 '입안에서 실제로 느껴지는 체감 강도'를 표현하는 수치 체계입니다. 즉, 기준 수치는 조리자가 레시피를 구성할 때 재료 간의 상대적 배합 구조를 명확히 파악할 수 있도록 돕는 도구입니다.
반면, 감각 비중은 식감과 향, 맛의 흐름을 입안에서 어떻게 인식하게 되는지를 설계하는 감각적 지도라 할 수 있습니다.

- 기준 수치(%)는 조리자에게 명확한 배합 구조의 근거를 제시하며,
- 감각 비중(0~1)은 체감 기반의 감각 흐름과 정서적 인지 구조를 형성해 줍니다.

→ 이 두 축이 동시에 작동할 때, 비로소 '맛의 조형造形'과 '조리의 재현성'이 함께 확보되는 감각 설계 시스템이 완성됩니다.

한쪽은 논리적 구조의 설계이고, 다른 한쪽은 정서와 체감의 흐름을 짜는 지도입니다. 이 둘이 병행될 때 비로소 한식은 단순한 조리법을 넘어 세계와 소통 가능한 미각 언어로 진화하게 됩니다.

### 5) 실전 적용: 전통 소갈비찜의 기준 수치 구조

| 재료 | 기준 수치(%) | 감각 설명 |
|---|---|---|
| 소갈비 | 50% | 지방감과 육즙 구조의 중심축 |
| 간장 | 5% | 짠맛 리드축 형성 |
| 배즙 | 6% | 단맛과 수분감의 균형 |
| 설탕 | 3% | 베이스 단맛 부스팅 |
| 마늘 | 1% | 자극적 미들노트 강화 |
| 참기름 | 0.8% | 향 피날레 역할 |
| 생강 | 0.8% | 중간층 향 균형 보조 |

→ 총합은 80.6%로, 나머지 요소(물, 대파, 후추 등)는 감각 보조층으로 생략되었습니다.



### 6) 감각은 단순 수치가 아니다, 설계의 중심이다

기준 수치(%)는 단순히 재료의 비율을 나타내는 수치 표기를 넘어, 요리 안에서 감각의 중심이 되는 요소들을 가시화하고, 이를 통해 조리자, 메뉴 기획자, 인공지능, 콘텐츠 설계자 누구나 요리의 구조적 설계 의도를 공통적으로 이해하고 공유할 수 있도록 도와주는 감각 설계 도구입니다.

이 수치는 맛을 설계하는 도구일 뿐 아니라, 그 자체로 기억을 구성하고, 문화의 감각적 특성을 전달하는 언어적 역할을 수행하게 됩니다.

즉, 기준 수치(%)는 단지 요리법을 수치화한 것이 아니라, 한식의 감각 구조를 보편적이고 재현 가능한 방식으로 해석하고 설명할 수 있도록 설계된, 지식 기반의 '맛 언어'이며, 동시에 교육과 데이터, 브랜딩의 토대가 될 수 있는 문화적 시스템이라 할 수 있습니다.

## 4. 맛의 결정적 기준 수치

결정적 기준 수치(%)는 단순한 조리 비율을 넘어, 한 요리의 감각 중심축을 어떻게 설계하고 조정할 것인지에 대한 판단기준이 됩니다. 특히 짠맛, 감칠맛, 단맛, 산미 등 주요 미각 요소는 과학적 기준, 문화적 감각, 실무적 체감에 따라 수치화될 수 있으며, 이를 통해 누구나 한식의 감각 구조를 정량적 언어로 설계할 수 있게 됩니다. 아래는 본서에서 제안하는 주요 맛 요소의 '결정적 기준 수치'와 그 배경입니다.

## 짠맛: 기준 수치 0.9%

짠맛의 기준은 인체 체액 염도인 약 0.9%를 과학적 기준으로 삼습니다. 이는 일반적으로 너무 짜지도 심심하지도 않은 심리적 안정 수준으로 간주되며, 된장국, 간장 베이스 찜류 등에서도 자연스럽게 중심축을 형성합니다.

## 감칠맛: 기준 수치 0.4%

감칠맛은 글루탐산, 이노신산, 핵산류 등에 의해 형성되는 맛으로, 대체로 0.4% 수준에서 심리적 안정감을 부여하고, 맛의 깊이를 형성하는 역할을 합니다. 주로 다시마, 육수, 발효 재료 등에서 유도되며, 요리 전체의 중간층에서 감각적 '완성도'를 담당합니다.

## 단맛: 기준 수치 0~10%

단맛은 요리의 종류와 목적에 따라 감각 비중이 가장 유동적으로 변화하는 요소입니다. 특히 한식에서는 요리의 기본 축을 이루는 주식류와, 정서를 강조하는 디저트류 간의 단맛 사용 방식이 뚜렷하게 구분되는 것이 특징입니다.

- **주식류**(예: 밥, 찜, 국물 요리 등)의 경우, 단맛은 전체 감각 흐름을 부드럽게 연결해주는 배경 역할에 머무릅니다. 이때 적용되는 단맛의 기준 수치는 일반적으로 0.1% 내외로, 입안에서 직접적인 단맛으로 느껴지기보다는 재료 간 풍미를 자연스럽게 조율해주는 수준입니다. 주로 배, 사과즙, 양파, 무 등 자연스러운 당 성분이 사용됩니다.

- 반면 **디저트류**에서는 단맛이 전체 구조의 중심이 되기 때문에, 기준 수치는 5~15%까지 확대 적용되는 경우가 많습니다. 이에 따라 본서에서는 다음과 같은 감각 수치를 기준으로 제안합니다.

- **한식 디저트류**: 전통적인 재료와 자연당(쌀, 꿀, 엿기름, 콩가루 등)을 중심으로 한 경우가 많으며, 단맛은 감정 안정, 절기성, 계절적 온기를 전달합니다.
  - 기준 수치 제안: 5~10%

- **양식 디저트류**: 버터, 크림, 설탕, 초콜릿 등 강한 지방감과 정제당을 중심으로 구성되며, 시각적 인상과 함께 감각적 자극, 피날레의 임팩트가 강조됩니다.
  - 기준 수치 제안: 10~15%

이처럼 디저트의 감각 중심축은 단맛의 비율뿐 아니라 그 단맛이 어떤 방식으로 정서를 자극하고, 어느 위치(탑 - 미들 - 베이스)에 배치되는가에 따라 달라지므로, 단순한 수치 적용이 아니라 감각 구조 속의 맥락적 해석이 병행되어야 합니다.

### 산미: 기준 수치 0.1~0.5%

산미는 향신채, 초무침, 식초 소스 등에서 발생하며 입맛을 열어주고 대비감을 유도하는 '조절 축'으로 작용합니다. 단, 산미는 지나치면 거슬리거나 불쾌함을 유도할 수 있어 0.1~0.5% 내외에서 미세하게 조절하는 것이 중요합니다.

### 매운맛: 등급 분류

매운맛은 일반적인 기준 수치로 표현하기 어려운 감각입니다. 따라서 'Mild/Medium/Hot' 등 강도 기반의 등급 분류 방식으로 구분하는 것이 실용적입니다. 한식에서는 고춧가루, 청양고추, 마늘 등의 조합을 통해 복합적인 매운맛을 형성하며, 감정 표현 및 계절감을 함께 반영합니다.

### 세이버리 향: 후각 강도 기준

세이버리 향은 고기, 된장, 구이류에서 느껴지는 '구수함 또는 진한 향'으로, 주로 조리 중 또는 끝 무렵에 입체감과 깊이를 형성하는 핵심 향 요소입니다. 이는 미각과 함께 작동하는 향 - 감각의 '미들노트'를 구성합니다.

### 스위트 향: 후각 강도 기준

스위트 향은 바닐라, 시나몬, 버터 등에서 발생하며, 주로 디저트에서 감정적 위로, 편안함, 잔향의 정서적 효과를 형성하는 데 활용됩니다. 이 계열의 향은 맛 그 자체보다 기억과 감정의 흐름을 설계하는 데 중요합니다.

- 위의 수치는 절대적 기준이 아니라, 한식의 감각 설계를 데이터 기반 언어로 재구성하기 위한 출발점입니다. 이 기준들을 응용하여, 감정과 계절, 문화적 콘텍스트에 맞춘 감각적 마리아주와 메뉴 리디자인이 가능해집니다.

| 맛 종류 | 기준 수치 | 과학/문화적 기준 |
|---|---|---|
| **짠맛** | 0.9% | 인체 체액 염도(0.9%)를 기준으로 함<br>→ 너무 짜지도 싱겁지도 않은 안정적 수준 |
| **감칠맛** | 0.4% | 다시마, 육수, 발효에서 주로 등장<br>아미노산계 '깊은 맛'으로 심리적 안정감을 줌 |
| **단맛** | 0~10% | 주식은 0~10% 내에서, 양식 디저트는 10~15%<br>한식 디저트는 5~10% |
| **산미** | 0.1~0.5% | 초무침, 과일소스, 디저트에 향을 강조<br>너무 강하면 혀가 자극받음 |
| **매운맛** | 등급 분류 | 수치화 어려움<br>→ 강도 기준 사용(예: Mild, Medium, Hot 등) |
| **세이버리 향** | 후각 강도 기준 | 고기, 된장, 구이류 등에서 느껴지는 '구수함' 또는 '진한 향' |
| **스위트 향** | 후각 강도 기준 | 디저트에서 나는 바닐라, 시나몬, 버터 향류<br>→ 감정적 위로와 연결됨 |

## 5. 병행 적용 - 감각 비중 + 제안 수치의 통합 구조

| 맛 | 재료 | 감각 비중(0~1) | 기준 수치(%) | 해석 예시 |
|---|---|---|---|---|
| **짠맛** | 된장 | 0.5 | 0.9% | 중심 맛이며, 생리적 염도 기준 충족 |
| **감칠맛** | 다시육수 | 0.4 | 0.4% | 입체감을 주는 조화적 요소 |
| **단맛** | 설탕, 배 | 0.3 | 1.2% | 조화를 돕는 은은한 단맛 |

- **요리 예시: 갈비찜**

짠맛은 된장 기반 국물의 염도 기준 0.9%이며 감각 비중으로는 0.5로 중심적인 위치, 감칠맛은 육수로 0.4% 수준, 감각 비중 0.4로 조화. 단맛은 배/설탕 기준 1.2%, 감각 비중 0.3으로 감정을 부드럽게 마무리합니다.

## 6. 맛의 조절 변수로서의 매운맛과 신맛

### 1) 맛의 조절 변수

이종필 교수는 맛의 조절 변수를 감각 + 실무 + 시스템적 사고로 구조화하여, '조절 축'의 개념을 레시피 설계에 반영한 학자입니다. '조절 변수'는 요리의 전체 맛 균형과 감정 흐름에 강력한 영향을 주지만, 주인공이 되지는 않는 조정자 역할을 합니다. 즉, 전체 맛의 뉘앙스·감정·리듬을 조율하는 '컨트롤러'입니다.

**조절 변수로서의 매운맛과 신맛**

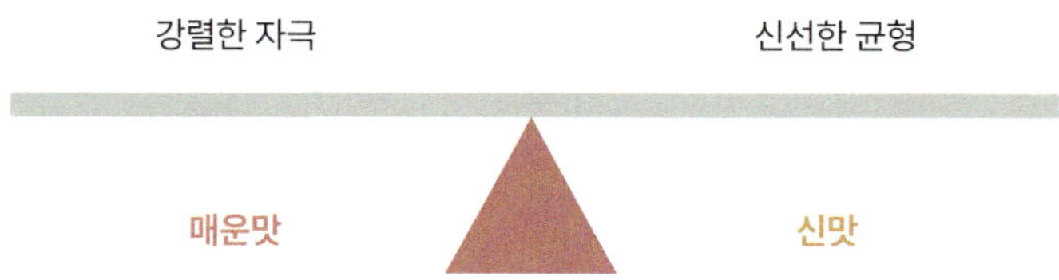


**매운맛(Spiciness)**

| 항목 | 설명 |
|---|---|
| 역할 | 감각을 일깨우고, 요리의 긴장감·에너지·강렬함을 조성 |
| 조절 방식 | 재료의 양, 종류(청양고추·건고추·후추 등), 유성/수성 매운맛 구분 |
| 기능 | 감칠맛 강조, 기름기 중화, 감정적 해방감 유도(스트레스 리셋 효과) |
| 문화적 특성 | 한국 요리에서 '한의 발산' 역할 → 김치, 찌개, 무침 등 |
| 표현 단위 | 수치화보다는 Mild/Medium/Hot/Fire 등급 구분 권장 |

#### 다차원적 위치

– 다른 맛을 강화·차단·전환·해소하는 조절 축으로 작동

- **0차원**: 신경 자극으로서의 매운맛
- **1차원**: 맛의 관계 조절 (대비·상승·차단)
- **2차원**: 향과 텍스처의 왜곡·강조

- **3차원**: 입안 흐름의 리듬 설계
- **4차원**: 시간성과 해소 구조
- **5차원**: 분노 해소, 카타르시스, 스트레스 해방의 감정 코드

**신맛(Acidity)**

| 항목 | 설명 |
|---|---|
| **역할** | 맛의 선명도, 입맛 자극, 리듬 형성/요리의 시작과 마무리를 다듬음 |
| **조절 방식** | 식초·과일·발효액 등으로 조절(레몬, 식초, 유자 등) |
| **기능** | 느끼함 차단, 향 강조, 요리 흐름 정돈/감각 리셋 기능 |
| **문화적 특성** | 한식에선 초무침, 김치, 초장 등에서 은은하게 활용 |
| **표현 단위** | 0.1~0.5%(디저트/음료에서 다차원적 산미 사용 증가) |

## 다차원적 위치

- **0차원**: 산미 성분(산 종류: 아세트산, 구연산 등)
- **2차원**: 향을 끌어올리는 탑노트 기능
- **4차원**: 여름, 식전 요리, 해산물 등 계절성과 강하게 연동
- **5차원**: 상쾌함, 정돈감, 집중 회복 등의 감정 코드

**정리: 매운맛과 신맛은 왜 조절 변수인가?**

| 기준 | 매운맛 | 신맛 |
|---|---|---|
| **맛의 성격** | 강렬함, 에너지 | 선명함, 리듬감 |
| **주 역할** | 감각 자극, 감정 해소 | 맛 정돈, 입맛 회복 |
| **위치** | 0~5차원 전 범위 작용 | 0, 2, 4, 5차원에서 조화롭게 개입 |
| **비유** | 드럼 소리, 카타르시스 | 바이올린의 날렵한 음색 |

### 적용 예시

#### 김치찌개

- **매운맛**: Medium → 감칠맛 상승 + 해방감
- **신맛**: 0.3%(묵은지 산미) → 식욕 자극 + 리듬 제공

#### 비빔냉면

- **매운맛**: Mild~Medium
- **신맛**: 0.5%(초장/식초) → 전체 흐름을 잡아주는 중심 조율자

## 2) 선택적 강조 영역의 맛 조절 변수

맛의 조절 변수로서 신맛과 매운맛을 별도로 인식하고 다차원 레시피 폼에 '선택적 강조 영역'으로 적용하는 것이 가장 이상적입니다. 즉, 기본 폼 구조는 유지하면서, 조절 변수로서의 신맛과 매운맛은 '조절 축調節軸'으로 설계하는 방식이 가장 실용적이고 교육·실무 양쪽에 강력하게 작동합니다.

### 왜 따로 두어야 할까?

- 조절 변수로서의 신맛과 매운맛은 '기본 맛'과 기능이 다릅니다.

| 맛 종류 | 감각 작용 | 기능 |
|---|---|---|
| **짠·단·감칠맛 등** | 풍미를 형성 | 구조적 중심감 |
| **조절 변수: 신맛·매운맛** | 입맛을 자극하거나 리프레시 | 방향성·변화 주도 |

- 신맛은 입맛을 돋우거나 유분/지방의 무게감을 덜어주는 역할
- 매운맛은 열감, 자극, 식욕 상승효과를 주되, 과하면 맛을 덮을 수 있음

→ 즉, 이 2가지는 '방향과 흐름을 바꾸는 레버' 같은 존재입니다.

## 3) 기본맛 vs 보조 맛 vs 조절 변수 - 구분 체계

이종필 교수가 신맛과 매운맛을 '맛의 조절 변수'로 독립시켜 선택적 강조 영역으로 설계한 이유는 단순한 분류의 문제가 아니라, '감각의 작동 방식'과 '조리의 방향성'을 동시에 고려한 미각 구조화 전략이라고 볼 수 있습니다. 아래에 체계적인 내용을 정리했습니다.

### (1) 기본맛 vs 보조 맛 vs 조절 변수 - 구분 체계

| 구분 | 범주 | 예시 | 감각 작용 | 기능 | 구조 내 역할 |
|---|---|---|---|---|---|
| **기본맛** | 단맛, 짠맛, 쓴맛, 감칠맛, 지방맛,(신맛*) | 설탕, 소금, MSG, 육즙, 크림 | 혀 감지 수용체 자극 | 풍미 중심 구성 | 맛의 '뼈대', 구조적 안정성 |
| **보조 맛** | 매운맛, 아린 맛, 떫은맛, 시원한 맛 | 고추, 마늘, 녹차, 민트 | 통각, 후각, 수렴감 등 혼합 자극 | 텍스처·표면 인상 구성 | 감각적 캐릭터 부여 |
| **조절 변수** | 매운맛*, 신맛* | 식초, 레몬, 고추 | 혀·코·뇌의 감각 흐름 전환 | 맛의 흐름 제어, 방향성 조정 | 감각의 밸런스 조정자(레버 역할) |

- **중복된 항목**

  → 신맛과 매운맛은 원래 기본/보조의 일부로 인식될 수 있으나, 이종필 교수는 조리와 감각 설계의 실무적 작동 방식에 주목하여 '기능적으로 봤을 때, 매운맛과 신맛을 조절 변수로 인식하는 것이 훨씬 실용적이다'라는 전략을 선택했고, 이를 다차원 레시피 폼에 적용했습니다.

### (2) 왜 조절 변수로 구분해야 하는가?

#### 감각 차원에서의 이유

- **신맛**: 수소이온 감지로 미각 수용체 자극 → 유지방·단맛의 무게감을 줄임
- **매운맛**: 미각이 아니라 통각(TRPV1 수용체) 작용 → 식욕 자극 및 열감 유도

→ 두 맛은 단독 '풍미'라기보다는 전체 맛의 흐름을 '변조'하는 성질을 가짐

#### 조리 실무 관점의 이유

- 신맛/매운맛은 후반 조절 가능, 개인화, 기호 조정이 쉬움(후추 뿌리기, 식초 추가 등)
- 특히 다차원 레시피에서는 중심 맛은 유지하되, 신맛/매운맛 조절로 감각 시나리오를 바꾸는 설계 가능

**핵심 차이 요약: 신맛·매운맛(기본/보조 vs 조절 변수)**

| 항목 | 기본/보조 맛일 때 | 조절 변수일 때 |
|---|---|---|
| **위치** | 풍미 성분 일부 | 전체 맛의 조정자 |
| **작용 시점** | 조리 초기 or 베이스 조성 | 조리 후반 or 마무리 조절 |

| 역할 | 특정 풍미 구현 | 감각의 밸런스 조정 or 반전 |
|---|---|---|
| 교육적 접근 | 맛 중 하나로 분류 | 조리 전략의 '축'으로 인식 |

### 이종필 교수의 접근은 왜 혁신적인가?

- **감각의 작동 방식과 조리 실무를 통합한 분류 체계**

→ 기존의 '맛 5가지' 분류는 생리학에 국한되나, 이정필 교수는 요리 현장에서 작동하는 방식을 기준으로 재정의함

- **'기본 – 보조 – 조절'이라는 3단계 맛 작동 프레임 제시**

→ 이는 다차원 감각 설계, 요리 교육, AI 기반 시스템에 정확하고 응용 가능한 매트릭스를 제공함

- **신맛·매운맛의 '선택적 강조 영역화'로 조절성과 유연성 확보**

→ 같은 갈비찜도 '매운맛 강조형/산미 리프레시형/기본형'으로 한 레시피에서 다변화가 가능함

## 7. 다차원 레시피 폼의 재료 구성

'다차원 레시피 폼'에서 재료 구성을 '주재료/부재료/소스 베이스(맛의 구조 형성 재료)/양념류(미세 조정/향/자극)'로 나누는 것은 단순한 정리 이상의 의미를 갖습니다. 이것은 요리의 미각 구조와 감정 흐름을 구성하는 핵심 뼈대이자, 실용성과 체계성을 갖춘 조리 언어의 설계 방식입니다.
주재료/부재료/소스 베이스/양념류 각각은 감각·조리·기능적 관점에서 고유한 역할을 담당합니다.

**레시피 구성 재료**

## 1) 주재료(Main Ingredient)

정의

요리의 정체성을 결정하는 핵심 재료

기능

- 0~3차원 구조의 중심축: 맛(0D), 향·질감 흐름(1~3D) 형성
- 단백질, 전분, 곡물, 생선, 주 채소 등 '요리의 주체'가 되는 식재료

예시

- 갈비찜 → 소갈비
- 비빔밥 → 밥
- 불고기 → 쇠고기
- 된장찌개 → 된장 + 두부(된장은 주체적 역할일 경우 주재료)

다차원 적용

대부분 2~3차원(향, 질감, 온도, 층위)까지 주도

→ 맛 흐름의 '뼈대'를 형성

## 2) 부재료(Supporting Ingredients)

정의

주재료의 구조를 보완하거나 강조하는 구성 요소

기능

- 색감, 식감 대비, 영양 균형, 조리 시 공간 채움
- 주재료의 단조로움, 텍스처 반복을 해소
- 1차원(대비/상승), 2차원(향), 3차원(텍스처 층위)에서 보완 작용

예시

- 갈비찜 → 당근, 무, 표고
- 김밥 → 시금치, 단무지
- 잡채 → 버섯, 당면(전분류지만 주재료가 고기일 경우 부재료 역할)

다차원 적용

- 감정 흐름, 색감, 시즌감(4D) 조절
- 부재료의 비중이 정서적 잔상을 결정하는 경우도 있음

### 3) 소스 베이스(맛의 구조 형성 재료)

정의

- 액상 또는 반액상 형태로, 요리 전체의 기본 맛 구조와 흐름을 형성하는 핵심 구성 요소
- 발효, 육수, 베이스 국물, 마리네이드 등으로 구성되며, 요리의 골격이 됨

기능

- 0D 기본 맛 구성: 감칠맛, 수분감, 발효감, 짠맛 등을 중층적으로 형성
- 1~3D 맛의 흐름과 입체적 구조 설계
- 조리 중 열과 상호작용하며 지속성·농도·온도감에 영향을 줌
- 감정적 기반을 형성하는 재료로, 계절·문화·기억과 연결됨



**예시**

| 요리 | 소스 베이스 구성 요소 |
|---|---|
| 된장찌개 | 된장 + 멸치육수 |
| 육회 | 배즙 + 간장 + 참기름 |
| 갈비찜 | 간장 + 배 + 청주 + 육수(마리네이드 형태) |
| 비빔밥 | 고추장(발효 복합 소스 베이스) |

**다차원 적용 방식**

| 차원 | 적용 방식 |
|---|---|
| 0D | 감칠맛, 수분감, 발효감 등 기본 축 형성 |
| 1~2D | 향·농도에 따른 입체적 중간 구조 설계 |
| 3D | 탑노트 → 미들노트 → 베이스노트 흐름 형성 |
| 4D | 끓이는 시간에 따라 농축함, 깊이 조절 |
| 5D | 특정 향과 조합을 통한 문화적 감정코드 형성 |

### 4) 양념류(Seasoning: 미세 조정/향/자극)

#### (1) 정의

양념류는 요리의 '미세 감각'을 조절하고, 마지막 인상을 결정짓는 요소입니다. 기본 맛을 조율하고, 향을 더하고, 감정을 불어넣는 '디테일 설계자'입니다.

비유하자면, 요리의 '조명 디자이너'이자 '향수 조향사'입니다. 중심 구조(재료와 소스 베이스)가 건축물이라면, 양념은 그 공간에 빛과 향, 분위기를 만드는 감각의 터치입니다.

#### (2) 기능 요약

| 역할 구분 | 세부 설명 |
|---|---|
| 기본 맛 조율 | 짠맛, 단맛, 신맛, 매운맛, 지방감 등 0차원 요소의 미세 조정 |
| 향 설계 | 마늘, 생강, 후추 등 → 음식의 탑노트를 형성 |
| 감정 설계 | 계절감, 전통의 기억, 위로·포근함·개운함 등 감성 요소 부여 |
| 문화적 정서 표현 | 특정 향이 불러오는 '엄마의 맛', '명절 음식' 같은 문화 연결 |

#### (3) 주된 구성 요소

**① 기본 맛 조율**

짠맛, 단맛, 신맛, 매운맛, 지방감 등 기본적인 0차원 맛 요소를 조절해 요리 전체의 균형과 중심축을 잡아주는 역할을 합니다. 찌개의 간을 맞추거나, 볶음 요리에 단맛을 추가할 때처럼 '기본 틀을 세우는 맛의 설계자'라 할 수 있습니다.

**② 향·열 조합형**

향신료와 매운맛을 함께 써서 입맛을 돋우는 방식입니다. 예시로는 닭볶음탕(대파·생강 향 + 고추의 열감)처럼 자극적이고 활력 있는 요리가 있습니다.

**③ 지방·마감형**

감칠맛 요리를 기름·버터 등으로 마무리해 부드럽게 마감하는 방식입니다. 예시로는 간장의 풍미 뒤에 참기름으로 여운을 남기는 불고기가 있습니다.

#### ④ 산도·반전형

풍미감 있는 요리에 산미나 허브로 상쾌하게 반전시키는 방식입니다. 예시로는 깊은 육수 뒤에 식초와 겨자로 맛을 정리해주는 냉면이 있습니다.

| 구분 | 대표 재료 | 기능적 포인트 |
|---|---|---|
| **기본 양념** | 소금, 설탕, 간장, 된장, 고추장 등 | 기본 맛 구성의 기초(짠맛, 단맛 등) |
| **향·열 조합형** | 마늘, 생강, 대파, 후추 | 향미 조성, 온기와 자극 부여 |
| **지방·마감형** | 참기름, 들기름 | 고소함, 향의 부드러운 마무리 |
| **산도·반전형** | 유자즙, 식초 | 산미로 리듬감 및 개운한 마무리 설계 |

양념은 단순한 간 맞춤을 넘어, 요리의 향과 정서를 설계하는 도구입니다. 그 한 방울의 참기름, 한 꼬집의 후추가 요리의 기억을 바꿉니다.

**다차원 소스 베이스와 양념류 구성 구분표**

| 구분 | 항목 | 정의 | 기능 | 예시 | 다차원 적용 |
|---|---|---|---|---|---|
| **소스 베이스 (맛의 구조 형성 재료)** | 육수, 장류, 발효 소스 등 | 요리의 중심 맛과 질감 구조를 형성하는 재료 | • 기본 맛 설계(짠맛, 감칠맛 등)<br>• 음식 전체의 무게 중심 제공 | • 멸치육수<br>• 된장, 간장<br>• 고추장, 청국장<br>• 유자청, 매실청 | 0차원(기본 맛)과 3차원(입체 구조)의 기본 축 형성 |
| **양념류 (미세 조정/향/자극)** | 소금, 설탕, 마늘, 고춧가루, 참기름 등 | 기본 맛에 세밀한 조정, 향 부여, 감정 유도를 담당하는 요소 | • 향미 강화<br>• 자극 부여(매운맛, 산미)<br>• 감성적 포인트 형성 | • 마늘, 생강, 대파<br>• 고춧가루, 후추<br>• 들기름, 참기름<br>• 유자즙, 청양고추 | 2차원(향), 5차원(감정 흐름)의 디자인 도구 |

## 주요 포인트 요약

소스 베이스는 요리의 중심축입니다. 된장, 육수, 장류처럼 맛의 무게를 잡아주는 요소입니다.

→ 건축의 뼈대 역할

양념류는 디테일을 만드는 감각의 디자이너입니다. 향, 여운, 감정, 자극 등을 미세하게 설계합니다.

→ 조명의 세기 조절

왜 이렇게 구분해야 하나요?

- **표준화된 데이터 기반 레시피 설계 가능**

- 조리과정, AI 학습, 제품 개발에 가장 효율적인 구조

- **감각적 혼선을 줄임**

- "왜 양념이 주재료에 들어가요?" 같은 오해 제거

- **초보자부터 전문가까지 명확한 학습 체계 제공**

- **기억 중심형 한식 조리를 '구조 중심형'으로 전환**



## Unit 3. 다차원 레시피 폼(구조도 + 정서 흐름 포함) - 요리를 맛과 감정으로 그려보는 새로운 방식

### 1. 왜 새로운 레시피가 필요할까요?

요리책을 보면 보통 이렇게 되어 있습니다. "간장 3큰술, 설탕 1큰술, 10분 끓이세요." 그런데 이렇게 따라 했는데도 "왜 내가 생각한 맛이 안 나지?"라고 느낀 적이 있으실 겁니다. 이유는 간단합니다. 재료와 순서만 알려주고, '왜 그런 맛이 나는지'는 안 알려주기 때문입니다.

그래서 우리는 새로운 방식의 레시피를 만들었습니다. 그 이름은 바로…
'다차원 레시피 폼'입니다!

이 레시피는 요리를 맛 + 향 + 질감 + 계절 + 감정으로 나누어 설명합니다. 요리를 단순한 요리법이 아니라, 그림처럼, 감정처럼 이해할 수 있는 새로운 방식입니다.

## 2. 다차원 레시피 폼에는 이런 것들이 들어갑니다

### 6가지 차원 다층 레시피 폼(6D Recipe Scaffold)

| 구성 영역 | 설명 | 기존 레시피와의 차별점 |
|---|---|---|
| 기본 레시피 정보<br>(기존 방식 포함) | 재료, 계량, 조리 순서 | 전통 레시피 정보 유지 |
| 0차원 - 맛 성분 분석 | 단, 짠, 신, 쓴, 감칠맛, 지방, 수분 | 기본 맛 성분 가시화 |
| 1차원 - 맛의 흐름 관계 | 상승/대비/중화 관계 | 요리의 입체적 맛 시나리오 |
| 2차원 - 향의 구조 | 탑/미들/베이스노트 구분 | 향기 레이어 분석 |
| 3차원 - 질감 구조 | 온도, 씹는 단계, 겉/속 구조 | 텍스처 설계 반영 |
| 4차원 - 시간 맥락 | 계절성, 숙성 시간, 조리 시간 | 계절과 숙성 포함 |
| 5차원 - 정서/문화 | 감정 코드, 문화 상징, 기억 연상 | 요리의 정체성과 의미화 |



## 3. 다차원 레시피 폼 예시

### 다차원 레시피 폼(표준 템플릿)

#### 1. 기본정보

| 메뉴명 | | | | | | |
|---|---|---|---|---|---|---|
| 작성자/브랜드명 | | | | | | |
| 작성일자 | | | 인원수(인분) | 00인분 | | |
| 조리시간 | 준비시간 | 00분 | 조리시간 | 00분 | 총 조리시간 | 00분 |
| 요리 설명 | | | | | | |
| 스토리텔링 | | | | | | |

## 2. 재료 구성

▶ 주재료

| 재료명 | 양 | 감각비중(0~1) | 기준수치(%) | 감각설명 |
|---|---|---|---|---|
| | | | | |
| | | | | |
| | | | | |

▶ 부재료

| 재료명 | 양 | 감각비중(0~1) | 기준수치(%) | 감각설명 |
|---|---|---|---|---|
| | | | | |
| | | | | |
| | | | | |

▶ 소스 베이스(맛의 구조 형성 재료)

| 재료명 | 양 | 감각비중(0~1) | 기준수치(%) | 감각설명 |
|---|---|---|---|---|
| | | | | |
| | | | | |
| | | | | |

▶ 양념류(미세 조정/향/자극)

| 재료명 | 양 | 감각비중(0~1) | 기준수치(%) | 감각설명 |
|---|---|---|---|---|
| | | | | |
| | | | | |
| | | | | |

## 3. 0~5차원 구조 해석

| 차원 | 키워드 | 이 요리에서의 적용 |
|---|---|---|
| 0차원(기본맛) | | |
| 1차원(맛의 흐름) | | |
| 2차원(향) | | |
| 3차원(질감) | | |
| 4차원(시간성) | | |
| 5차원(정서) | | |

## 4. 조리방법

| 단계 | 설명 |
|---|---|
| Step 1 | |
| Step 2 | |
| Step 3 | |
| Step 4 | |
| Step 5 | |



### 감각 비중(0~1) 평가 기준

감각 비중(0~1)은 단순한 계량 수치가 아니라, 각 재료가 레시피 전체의 감각 구조에서 차지하는 '중심성'과 '영향력'의 정도를 평가한 것입니다. 이를 위해 아래와 같은 5단계 기준과 분석 항목을 기반으로 평가합니다. 감각 비중의 합계 1은 전체 메뉴 기준이 아니라 주재료·부재료·소스 베이스·양념 각각을 기준으로 하여, 구분별 감각 비중의 총합이 1이 되도록 설정한 것입니다.

0.1부터 1.0까지의 수치를 감각적으로 해석할 수 있도록, 아래와 같이 표준화했습니다.

**감각 비중 결정 기준표(0.1~1.0)**

| 감각 비중 | 감각적 해석 | 설명 | 적용 예시 |
|---|---|---|---|
| 0.1~0.2 | 미세한 존재감 | 거의 느껴지지 않지만 미세한 보조 요소로 존재 | 갈비찜의 생강 향, 냉면의 설탕 미량 등 |
| 0.3~0.4 | 조화를 돕는 맛 | 메인 맛을 방해하지 않고 자연스럽게 조화를 이루는 정도 | 잡채의 단맛, 비빔밥의 참기름 향 |
| 0.5~0.6 | 중심 맛 | 요리에서 가장 강하게 느껴지는 '핵심 맛' | 된장찌개의 짠맛, 불고기의 단짠 균형 |
| 0.7~0.8 | 강한 존재감 | 의도적으로 강하게 드러낸 맛 요소 | 깍두기의 매운맛, 막걸리의 산미 |
| 0.9~1.0 | 주인공 맛 | 강한 인상을 남기고 여운이 긴, 지배적인 맛 | 초고추장의 신맛, 족발 양념의 마늘향 |

## 실용 적용 팁

- 0.3 = '숨은 조율자' → 전체 맛의 흐름에 안정감을 줌
- 0.5 = '주연급' → 조리 시 비중과 양념량에 주의 필요
- 0.9 이상 = '의도적 강조' → 브랜드 요리, 시그니처 메뉴에 효과적

**감각 비중 평가 기준의 구성 요소**

| 기준 요소 | 내용 |
|---|---|
| **감각적 체감** | 미각 전문가와 셰프의 직접 시식 평가 |
| **조리 맥락** | 익힘, 숙성, 조합 방식에 따라 조절 |
| **문화 인지** | 예: 짠맛 기준은 한국인의 '양념 체계' 기반 |
| **과학적 수치 보완** | 0.9% 염도 = 인체 체액 염도 등 생리적 근거 병행 가능 |

## 감각 비중 평가 항목(체계적 분석 요소)

### ① 감각 중심성

• 이 재료가 '맛의 중심'을 이루는가?

### ② 감각 범위

• 단일 맛에만 영향 vs 여러 맛을 중재/연결하는가?

### ③ 감각 지속력

• 먹고 난 후에도 여운이 남는가?

### ④ 조화도

• 다른 재료들과의 연결성이 뛰어난가?

### ⑤ 문화/기능 역할

• 특정 문화에서 상징적/대표 재료인가?



## 예시 해석: 간장(전통 소갈비찜 요리 전체에서의 상대적 감각 비중)

• 감각 중심성: 짠맛 중심으로 전체 간을 책임짐 → ★★★★★
• 감각 범위: 단짠, 감칠맛, 색감까지 영향 → ★★★★☆
• 지속력: 후미에 남는 간장 풍미가 큼 → ★★★★☆
• 조화도: 배즙·설탕·육수와 균형 좋음 → ★★★★★
• 문화적 대표성: 한식 짠맛의 상징 → ★★★★★

→ 총합 평가: 감각 비중 0.5~0.6

(전채 요리 구조에서는 강한 조율자 수준으로 작동하였기에 감각 비중은 0.5~0.6 정도가 적절함)

## 다차원 레시피 폼(표준 템플릿: 전통 소갈비찜)

### 1. 기본정보

| 메뉴명 | 전통 소갈비찜 | | | | | |
|---|---|---|---|---|---|---|
| 작성자/브랜드명 | 맛샘 이종필 & 노고은/부천대학교 호텔외식조리학과 | | | | | |
| 작성일자 | 2025. 07. 09. | | **인원수(인분)** | 4인분 | | |
| 조리시간 | **준비시간** | 30분 | **조리시간** | 90분 | **총 조리시간** | 120분 |
| 요리 설명 | 뼈에서 우러나온 깊은 육향과 단짠 감칠맛의 밸런스를 갖춘 명절 대표 요리 | | | | | |
| 스토리텔링 | “전통의 감칠맛, 단짠 비율의 미학. 가정의 온기와 환대를 담은 명절 대표 요리” | | | | | |

### 2. 재료 구성

▶ 주재료

| 재료명 | 양 | 감각 비중(0~1) | 기준 수치(%) | 감각 설명 |
|---|---|---|---|---|
| **소갈비** | 1000g | 0.5 | 50% | 육향 중심, 풍미와 지방감의 핵심 |
| **무** | 300g | 0.2 | 12% | 감칠맛과 단맛 완충, 식감 보조 |
| **당근** | 100g | 0.2 | 6% | 단맛과 시각적 대비 효과 |

▶ 부재료

| 재료명 | 양 | 감각비중(0~1) | 기준수치(%) | 감각설명 |
|---|---|---|---|---|
| **표고버섯** | 4개 | 0.1 | 5% | 향과 텍스처 보완 |
| **대파** | 1대 | 0.1 | 3% | 탑노트 향 부여, 마무리 |

▶ 소스 베이스(맛의 구조 형성 재료)

| 재료명 | 양 | 감각 비중(0~1) | 기준 수치(%) | 감각 설명 |
|---|---|---|---|---|
| **간장** | 80ml | 0.5 | 1.2% | 짠맛의 중심축, 안정감 있는 베이스 |
| **설탕** | 30g | 0.4 | 0.8% | 단짠 대비 구조의 핵심 |
| **배즙** | 90g | 0.3 | 0.8% | 단맛 + 연육, 지속성 있는 달콤함 |
| **사과즙** | 50g | 0.2 | 0.5% | 배경 산미 보완, 밸런스 |

▶ 양념류(미세 조정/향/자극)

| 재료명 | 양 | 감각 비중(0~1) | 기준 수치(%) | 감각 설명 |
|---|---|---|---|---|
| 마늘 | 20g | 0.3 | 0.8% | 피날레 향 강조 및 자극 |
| 생강 | 10g | 0.2 | 0.5% | 고기 비린내 제거 및 깊이 강화 |
| 후추 | 1g | 0.2 | 0.1% | 마무리 잔향 조율 |
| 참기름 | 1T | 0.3 | 0.3% | 지방감 마무리 및 풍미 마감 |

- **기준 수치 합산: 총 80.0%**

> 감각 중심 구성 요소 기준. 물, 장식 등은 제외하여 구성의 명료성을 확보합니다.

## 3. 0~5차원 구조 해석

| 차원 | 키워드 | 이 요리에서의 적용 |
|---|---|---|
| 0차원(기본맛) | 염도 0.9%, 감칠맛 0.4%, 단맛 1.2%, 지방감, 수분감 | 간장/설탕/육수 기반의 균형 |
| 1차원(맛의 흐름) | 단맛 → 짠맛 → 감칠맛 → 아린 맛 → 여운 | 배·간장 → 갈비 → 마늘·후추 |
| 2차원(향 구조) | 탑: 참기름, 미들: 마늘/배, 베이스: 간장/육수 | 조화로운 향 흐름 |
| 3차원(질감 구성) | 겉: 부드러운 갈비, 속: 육즙, 부재료: 식감 층 | 조리 시간 조절로 완성도 향상 |
| 4차원(시간·계) | 겨울 명절, 오랜 졸임(2시간 + ) | 정서적 의미 강화 |
| 5차원(정서·문화) | 나눔·가족·기억·위로 | 명절의 상징 요리, 어머니의 정서 |

## 4. 조리방법

| 단계 | 설명 |
|---|---|
| Step 1 | 갈비는 찬물에 2시간 핏물 제거 후 데치기 |
| Step 2 | 육수, 간장, 배즙, 설탕, 마늘, 생강을 섞어 양념장 만들기 |
| Step 3 | 냄비에 육수 + 갈비 + 채소 + 양념장 넣고 중불로 1시간 30분 졸이기 |
| Step 4 | 무/당근/표고 추가 후 중불에서 20분 더 끓이기 |
| Step 5 | 마지막에 참기름, 후추로 마무리 후 대파 올려내기 |

## 4. 다차원 레시피 폼 활용 메뉴 해석

### 갈비찜 다차원 레시피 예시

#### 1) [기본 정보]

- 요리명: 갈비찜
- 조리 시간: 90분
- 주요 재료: 갈비, 간장, 배, 대파 등
- 인원수: 4인분

#### 2) [감각 비중 설정]

##### (1) 감각 비중 설정 이유 설명표

아래는 전통 소갈비찜 레시피의 재료별 감각 비중(0~1) 수치를 왜 그렇게 설정했는지 설명한 표입니다. 감각 비중은 각각의 재료가 전체 맛 구조에서 얼마나 중심 역할을 하는지를 정성적 + 정량적으로 판단한 결과입니다.

**감각 비중 설정 이유 설명표(전통 소갈비찜 기준)**

| 재료명 | 감각 영향 | 감각 비중(0~1) | 설정 이유 |
|---|---|---|---|
| **소갈비** | 감칠맛 + 지방감 | 0.5 | 메인 단백질로, 육즙/지방/감칠맛 성분이 요리의 뼈대가 됨 |
| **무** | 수분감 + 단맛 완충 | 0.2 | 고기의 농후함을 중화시키며, 단맛 보완 역할 |
| **당근** | 단맛 + 시각감 | 0.2 | 약한 단맛 제공 + 시각 강조 역할 |
| **표고버섯** | 감칠맛 + 텍스처 | 0.1 | 식감 다양화, 은은한 감칠맛 보완 |
| **대파** | 향 탑노트 + 시각 | 0.1 | 마지막 향기 마무리, 시각 강조 요소 |
| **재료명** | **감각 영향** | **감각 비중(0~1)** | **설정 이유** |
| **간장** | 짠맛 | 0.5 | 전반적인 간 조절의 중심. 소갈비찜의 염도 축 |
| **설탕** | 단맛 | 0.4 | 단짠 균형 유지를 위한 핵심 조미료 |
| **배즙** | 단맛 + 산미 완충 | 0.3 | 설탕의 단맛을 부드럽게 연결해주고 조직 연화 |
| **사과즙** | 은은한 감칠맛 + 산미 보조 | 0.2 | 배즙·설탕의 단맛을 받쳐주는 서브 베이스, 여운 정리 역할 |
| **재료명** | **감각 영향** | **감각 비중(0~1)** | **설정 이유** |
| **마늘** | 매운 향 + 자극 | 0.3 | 향·자극감의 중심이 되며, 강한 존재감 |
| **생강** | 아린 맛 + 냄새 제거 | 0.2 | 잡내 제거와 밸런싱용으로 미세 영향 |
| **후추** | 자극성 향 | 0.2 | 마무리의 향적 정점, 강도는 낮으나 존재는 중요 |
| **참기름** | 지방감 + 향 | 0.3 | 끝 풍미를 부드럽게 정리하는 역할(베이스 향기) |

이 수치는 AI나 실험 분석만으로 도출된 것이 아니라, 미각 전문가의 감각 설계적 판단과 문화·조리법에 기초한 경험적 수치가 결합된 결과입니다.

### (2) 감각 비중 설정 근거

이런 수치를 책임질 수 있는 이유는, 이 감각 비중 수치들이 단순한 실험 수치나 AI 자동 분석 결과가 아니라, 다음 3가지 근거와 판단력을 종합하여 제시된 '복합적 감각 판단 시스템'에 기반하고 있기 때문입니다.

**이 수치는 왜 책임질 수 있는가?**

| 근거 축 | 설명 | 신뢰성 근거 |
|---|---|---|
| 미각 전문가의 관능검사 판단 | 단순한 맛 표현이 아닌, 감각 흐름·균형·레벨 조화에 따른 비중 해석 | 감각 구조의 1~3차원 해석 능력을 바탕으로 '어디에서 어떤 감각이 지배적이며 여운이 남는가'를 정교하게 평가 |
| 문화·조리법에 기초한 관능검사 수치 | 갈비찜에서 간장은 전통적으로 짠맛 조율의 중심이지만, 감칠맛과 단맛, 육류의 지방감과도 공존적인 균형을 형성 | 예: 한식의 장류 사용량, 궁중·민속 조리법의 간 비율, 한식학 조리문헌의 평균값 기반 |
| AI 감각 시뮬레이션 연동 가능 | 향후 GPT 모델·식품 산업 AI와도 호환 가능한 체계로 설계 | 감각 비중 수치는 정량적 매핑이 가능하여 AI 학습 및 적용이 수월 |

그래서 왜 'AI + 전문가 + 문화감각'이 필요했는가?

- **AI 단독 수치 → 한계 있음**

  예를 들어, 0.9% 염도 = 짠맛이라는 물리적 정보는 있지만, 그것이 요리 안에서 '중심인지, 조율자인지'는 감각 흐름 해석 없이는 불가합니다.

- **미각 전문가만의 감 → 정확성 부족**

  직관만으로는 타인에게 전달 불가 → 표준화 불가

그래서 이 시스템은 '정성(감각) + 정량(수치) + 정서(문화)'를 모두 조화한 다차원 감각 설계 방식입니다.

용어 예시: '강한 조율자'

이는 맛을 지배하진 않지만, 전체 맛의 방향성과 밸런스를 강력히 조정하는 중심축이란 뜻입니다. 간장이 소갈비찜에서 딱 그런 역할을 하기에, 감각 비중이 0.5~0.6으로 적절히 평가된 것입니다.

### 3) [1차원 - 맛의 흐름]

- **구조**: 단짠 상승 구조 + 고기 감칠맛 중심
- **대비**: 간장 → 배 → 마늘 순으로 리듬감

### 4) [2차원 – 향의 구조]

| 노트 | 재료 | 역할 |
|---|---|---|
| 탑노트 | 생강, 통후추 | 날 향 차단 |
| 미들노트 | 간장, 대파 | 조리 중 중심 향 |
| 베이스노트 | 갈비 육향 | 감정적 잔향 유지 |

### 5) [3차원 – 질감 구조]

- **겉**: 부드러운 살코기
- **속**: 지방의 부드러운 침투
- **온도**: 따뜻함 유지 → 정서적 안정감

### 6) [4차원 – 시간 구조]

- **계절**: 가을~겨울 추천
- **숙성**: 하루 전 간장 마리네이드 권장
- **조리시간**: 끓임 + 졸임 90분 이상

### 7) [5차원 – 감정·문화 코드]

- **정서**: 가족의 기념일, 명절, '돌봄'의 코드
- **문화**: 제사 음식, 환대의 대표 요리
- **상징**: '한국인의 집밥 중 최고급 정성 표현'

#### 이 레시피 폼의 장점

- 기존 레시피(계량/순서)를 유지하면서 다차원 구조를 동시에 시각화
- 요리 교육/콘텐츠/메뉴 개발에 모두 활용 가능
- 초보자 → 전문가 → AI 연동까지 확장 가능한 공통 언어

### 이 레시피 폼이 갖는 의미

- **초보자에게**: 감각 흐름을 알려주기 때문에 이해하고 외우기 쉬움
- **전문가에게**: 교육과 메뉴 개발에 유용한 시스템 도구
- **AI 시스템에게**: 감정, 향, 계절까지 연산 가능한 미각 언어 도식

Chapter 8

# 대표 한식 10선 -<br>다차원 구조 분석

이 장에서는 한식을 구성하는 대표 메뉴 10가지를 다차원 맛 구조(0D~5D)에 따라 분석하고, 각각의 레시피를 구조화된 폼으로 정리합니다.

이 분석은 단순한 레시피 소개가 아니라, 한식이 어떻게 감각적으로 설계되어 있는지를 '기호화'하고, 조리법의 흐름, 감정의 여운, 문화적 맥락까지 해석함으로써 누구든 한식을 구조적으로 이해하고 창작할 수 있도록 돕습니다.



## 분석 방식

각 요리는 다음의 항목에 따라 정리됩니다.

| 항목 | 설명 |
|---|---|
| 1. 메뉴 기본 정보 | 메뉴명, 조리 시간, 인원수, 요약 설명 |
| 2. 감각 구조 요약 | 0차원~5차원 맛 구조 핵심 키워드 |
| 3. 다차원 레시피 폼 | 주재료/부재료/소스 베이스/양념 구분 + 감각 비중 |
| 4. 감정 흐름 해석 | 요리의 정서적 흐름 및 기억 코드 분석 |
| 5. 마리아주 제안 | 해당 요리에 어울리는 술, 디저트 구조 제안 |

## 선정 메뉴 목록

**된장찌개** – 발효의 감칠맛과 텍스처 구조의 정수

**불고기** – 단짠 조화의 전형, 마리네이드와 직화의 하모니

**육회** – 생식의 섬세함과 감정적 긴장감

**나물 비빔밥** – 조화와 통합의 상징적 한식

**닭볶음탕** – 매운맛의 정서 코딩과 서민적 위로

**김치전** – 발효와 튀김, 텍스처의 극단적 대비

**청국장** – 향과 발효의 깊이, 한국 정서의 '후각 중심축'

**잡채** – 감칠맛 + 단맛 + 기름감이 만드는 구조적 유연성

**제육볶음** – 강한 주 맛과 매운 조절, 대중성과 감정 해방

**동태찌개** – 시원함 + 매운맛 + 발효가 섞인 겨울 정서

이제 각 메뉴에 대해 순차적으로 ① 다차원 해석 → ② 레시피 폼 → ③ 감정 코드와 마리아주를 하나씩 구성해나가겠습니다.



## Unit 1. 된장찌개 - 발효의 감칠맛과 텍스처 구조의 정수

### 1. 기본정보

| 항목 | 내용 |
|---|---|
| 요리명 | 된장찌개 |
| 작성자/콘텐츠 명 | HANSIK x PAIRING GPT |

| 작성일자 | 2025. 07. 10. |
|---|---|
| 인원수(인분) | 4인분 |
| 준비시간 | 10분 |
| 조리시간 | 30분 |
| 총 소요시간 | 40분 |
| 계절 분류 | 사계절용 |
| 스토리텔링 | 비 오는 날 엄마가 끓여주던 따뜻한 된장 향<br>기다림과 위로가 녹아든 구수한 국물 기억 |

## 2. 재료 구성

| 구분 | 재료 | 양 | 감각 비중 (0~1) | 기준 수치 (%) | 감각 설명 |
|---|---|---|---|---|---|
| 주재료 | 두부 | 200g | 0.3 | 10% | 부드러운 식감, 담백한 중심감 |
| | 감자 | 150g | 0.3 | 8% | 전분감 있는 무게감, 텍스처 중심 |
| 부재료 | 애호박 | 100g | 0.2 | 6% | 산뜻한 수분감, 시각적 신선함 |
| | 양파 | 80g | 0.2 | 5% | 은은한 단맛과 부드러운 흐름 |
| | 대파 | 1대<br>(약 40g) | 0.2 | 4% | 향적 대비 및 상단 청량감 |
| 소스 베이스 | 된장 | 2.5큰술<br>(45g) | 0.6 | 20% | 짠맛과 발효 감칠맛의 중심축 |
| | 멸치육수 | 700ml | 0.4 | 35% | 발효된 감칠맛 베이스, 전체 맛 연결 |
| 양념류 | 마늘 | 1큰술(15g) | 0.2 | 2% | 알싸한 자극 부여, 피날레 향 |
| | 청양고추 | 1개(5g) | 0.3 | 2% | 잔잔한 매운 자극 부여 |
| | 들기름 | 1작은술<br>(5g) | 0.2 | 1.5% | 고소한 지방감 피날레 마무리 |

- **기준 수치 총합**: 93.5%(감각 중심 요소만을 기준으로 산정. 수분, 증발성 제외)

## 3. 0~5차원 구조 해석

| 차원 | 키워드 | 이 요리에서의 적용 |
| --- | --- | --- |
| 0차원<br>(기본맛) | 짠맛, 감칠맛, 단맛, 수분감, 지방감 | 된장의 짠맛 중심, 육수·표고·된장 감칠맛 조화 |
| 1차원<br>(맛의 흐름) | 짠맛 → 단맛 → 감칠맛 → 수분 | 입안에서 점진적 확장, 단맛으로 부드럽게 중화 |
| 2차원<br>(향·표면 텍스처) | 발효향<br>채소 아삭함 vs 두부 부드러움 | 대비 명확/구수한 톤 |
| 3차원<br>(입안 레이어) | 탑: 부드러운 접촉<br>미들: 응고 조직·수분감<br>베이스: 점성 유지 | 정제된 감각 흐름 |
| 4차원<br>(시간성) | 숙성, 끓임, 온도감 | 조리 시간이 풍미를 농축/따뜻한 위로 |
| 5차원<br>(감정·문화) | 돌봄, 엄마의 정서, 집밥의 중심 | '기다림과 위로'라는 감정 흐름 구조화 |

## 4. 조리방법

| 단계 | 설명 |
| --- | --- |
| Step 1 | 멸치와 다시마로 육수 10분간 끓여 준비 |
| Step 2 | 된장을 육수에 풀고 감자·양파를 넣어 5분 끓임 |
| Step 3 | 애호박, 표고, 두부를 추가해 10분 더 끓이기 |
| Step 4 | 마늘, 고춧가루를 넣고 향의 피날레 조정 |
| Step 5 | 대파·청양고추 넣고 2분 마무리 |

## 5. 감각 비중 수치 설명표

| 감각 요소 | 적용 비중 | 이유 | 근거 또는 참고 |
|---|---|---|---|
| 짠맛 | 0.5 | 된장의 기본 염도가 국물의 중심을 형성 | 전통 된장의 염도 평균 9~10% |
| 감칠맛 | 0.5 | 된장과 멸치육수의 이중 발효 감칠맛 구조 | 멸치·다시마 기반 글루탐산 조화 |
| 단맛 | 0.2 | 양파, 애호박에서 자연 유도된 은은한 단맛 | 가열 시 당화되는 자연당 특성 |
| 매운맛 | 0.2 | 청양고추가 잔잔한 리듬과 대비 효과 부여 | '살짝 매운 감정적 긴장감' 연출 |
| 지방감 | 0.1 | 들기름의 피날레 고소함으로 구조 마감 | 향 중심의 지방감 부여 |
| 수분감 | 0.4 | 육수기반 국물구조 전체 감각 연결 | '국물 맛의 입체적 흐름' 형성 |



# Unit 2. 불고기 - 단짠 조화의 전형, 마리네이드와 직화의 하모니

## 1. 기본정보

| 항목 | 내용 |
|---|---|
| 요리명 | 불고기 |
| 작성자/콘텐츠 명 | HANSIK x PAIRING GPT |

| 작성일자 | 2025. 07. 10. |
|---|---|
| 인원수(인분) | 4인분 |
| 준비시간 | 20분(마리네이드 포함) |
| 조리시간 | 10분 |
| 총 소요시간 | 30분 |
| 계절 분류 | 사계절용 |
| 스토리텔링 | '단짠'이라는 한국 맛의 상징. 고기와 간장의 감정적 중화<br>직화의 스모키한 여운이 입안에 오래 남는 클래식한 메뉴 |

## 2. 재료 구성

| 구분 | 재료 | 양 | 감각 비중 (0~1) | 기준 수치 (%) | 감각 설명 |
|---|---|---|---|---|---|
| 주재료 | 소불고기용 쇠고기 (우둔, 설도 등) | 500g | 0.6 | 40% | 단백한 중심감, 단짠 구조의 수용체 |
| 부재료 | 양파 | 1개 (약 150g) | 0.3 | 10% | 단맛 유도, 육즙 흡수 구조 |
| | 당근 | 1/2개 (약 50g) | 0.2 | 5% | 색감 보조, 씹는 텍스처 |
| | 대파 | 1대 (약 40g) | 0.2 | 3% | 향적 대비, 상단 감각 유도 |
| 소스 베이스 | 간장 | 3큰술 (45g) | 0.6 | 20% | 짠맛 중심, 전체 풍미 조율 |
| | 설탕 | 1.5큰술 (20g) | 0.4 | 8% | 명확한 단맛 중심 구조 부여 |
| 양념류 | 마늘 | 1큰술(15g) | 0.3 | 3% | 알싸한 리듬, 피날레 향 조절 |
| | 참기름 | 1큰술(10g) | 0.3 | 4% | 고소한 향과 지방 피날레 역할 |
| | 후추 | 약간(1g) | 0.2 | 1% | 매운 감각의 피날레 자극 |

- **기준 수치 총합**: 94%

## 3. 0~5차원 구조 해석

| 차원 | 키워드 | 이 요리에서의 적용 |
|---|---|---|
| 0차원<br>(기본맛) | 짠맛, 단맛, 감칠맛, 지방감 | 간장·고기·배의 조화, 단짠 감각 |
| 1차원<br>(맛의 흐름) | 단맛 → 짠맛 → 감칠맛 → 지방감 | 입안에서 넓어지고 여운 있음 |
| 2차원<br>(향·표면 텍스처) | 직화향, 스위트향, 고깃결 | 구워진 향과 연기감이 남음 |
| 3차원<br>(입안 레이어) | 탑: 가벼운 탄력<br>미들: 섬유결·수분감<br>베이스: 유분감 잔존 | 섞인 뒤 질감 하나로 정리 |
| 4차원<br>(시간성) | 마리네이드 숙성 1시간 이상 | 고깃결 속까지 흡수된 정서 |
| 5차원<br>(감정·문화) | 축하·온기·회식의 상징 | '함께 구워 먹는' 감정적 구조 |

## 4. 조리방법

| 단계 | 설명 |
|---|---|
| Step 1 | 소고기를 얇게 썰고 양파, 당근과 함께 준비 |
| Step 2 | 간장, 배즙, 마늘, 설탕, 참기름 등을 섞어 마리네이드 소스를 만듦 |
| Step 3 | 재료를 1시간 이상 재움 |
| Step 4 | 팬에 센 불로 직화 느낌 살려 구움(중불~강불 10분) |
| Step 5 | 마무리로 후추와 대파를 뿌려 피날레 향 조절 |

## 5. 감각 비중 수치 설명표

| 감각 요소 | 적용 비중 | 이유 | 근거 또는 참고 |
|---|---|---|---|
| **짠맛** | 0.5 | 간장이 중심 염도 역할 수행 | 한식 간장의 표준화된 염도 구조 |
| **감칠맛** | 0.4 | 쇠고기 자체 풍미 + 간장 발효 풍미의 시너지 | 고단백 재료의 아미노산 자연 방출 |
| **단맛** | 0.5 | 설탕 + 양파에서 오는 명확한 단맛, 조화 중심 | 불고기의 대중성과 향수 연결 요소 |
| **매운맛** | 0.2 | 후추와 마늘의 은은한 자극, 피날레 구조 조절 | 직화 전통 요리의 잔향 보완 |
| **지방감** | 0.3 | 참기름의 고소한 풍미가 후반 흐름 구성 | 직화 시 지방감 증폭 효과 고려 |
| **수분감** | 0.3 | 양파, 고기의 수분과 양념 흡수력 고려 | 식감 완성 및 촉촉한 구조 유지 |

# Unit 3. 육회 - 생식의 섬세함과 감정적 긴장감

## 1. 기본정보

| 항목 | 내용 |
|---|---|
| **요리명** | 육회 |
| **작성자/콘텐츠 명** | HANSIK x PAIRING GPT |

| | |
|---|---|
| **작성일자** | 2025. 07. 10. |
| **인원수(인분)** | 2~4인분 |
| **준비시간** | 15분 |
| **조리시간** | 없음(생식) |
| **총 소요시간** | 15분 |
| **계절 분류** | 가을~겨울 추천(신선도 보존을 위해) |
| **스토리텔링** | 날것의 섬세한 감정, 미묘한 단맛과 짠맛의 경계 위에 선 '차가운 긴장감'<br>한국인의 본능을 자극하는 생고기의 미학 |

## 2. 재료 구성

| 구분 | 재료 | 양 | 감각 비중 (0~1) | 기준 수치 (%) | 감각 설명 |
|---|---|---|---|---|---|
| **주재료** | 소고기 육회용 (우둔살, 홍두깨살 등) | 300g | 0.6 | 40% | 생식 특유의 응축된 감칠맛 구조, 긴장감 형성 |
| **부재료** | 배(채 썬 것) | 1/2개 (약 80g) | 0.3 | 12% | 상쾌한 단맛과 시원한 수분 구조 |
| | 달걀노른자 | 1개 | 0.3 | 5% | 지방감 부여, 감각 연결 유도 |
| **소스 베이스** | 간장 | 1.5큰술 (약 20g) | 0.5 | 15% | 짠맛의 중심, 생고기와의 조화 |
| | 설탕 | 1큰술 (약 15g) | 0.4 | 8% | 단맛 구조 명료화 및 육향 대비 |
| **양념류** | 다진 마늘 | 1작은술 (약 5g) | 0.2 | 3% | 알싸한 자극, 풍미 연결 |
| | 참기름 | 1큰술 (약 10g) | 0.3 | 5% | 지방감과 고소함의 피날레 구조 |
| | 깨소금 | 1작은술 (약 2g) | 0.2 | 2% | 입안 잔향, 텍스처 보완 |

- **기준 수치 총합**: 90%

## 3. 0~5차원 구조 해석

| 차원 | 키워드 | 이 요리에서의 적용 |
| --- | --- | --- |
| 0차원<br>(기본맛) | 감칠맛, 단맛, 짠맛, 지방감, 수분감 | 생고기와 배의 날것 감각 조화 |
| 1차원<br>(맛의 흐름) | 단맛 → 감칠맛 → 짠맛 → 지방감 | 미묘한 균형의 긴장 구조 |
| 2차원<br>(향·표면 텍스처) | 날고기 향, 참기름의 너트 향<br>아삭한 배 vs 부드러운 육질 | 텍스처 대비 |
| 3차원<br>(입안 레이어) | 탑: 차가운 접촉<br>미들: 섬유결·수분감<br>베이스: 미끄러짐 지속 | 텍스처 우선 후 수렴 |
| 4차원<br>(시간성) | 즉석 조리, 온도감 매우 중요 | 냉장 보관된 차가운 텍스처 유지 |
| 5차원<br>(감정·문화) | 생고기 본능<br>정서적 긴장 + 쾌감 | 고전적 '정육 문화'의 상징 |

## 4. 조리방법

| 단계 | 설명 |
| --- | --- |
| Step 1 | 소고기를 결 반대로 얇고 길게 썸 |
| Step 2 | 간장, 설탕, 마늘, 참기름으로 양념장 만들기 |
| Step 3 | 배는 얇게 채 썰어 찬물에 담가둠 |
| Step 4 | 고기와 양념을 살짝 버무리고 배와 섞음 |
| Step 5 | 달걀노른자 또는 참깨로 마무리 장식 |

## 5. 감각 비중 수치 설명표

| 감각 요소 | 적용 비중 | 이유 | 근거 또는 참고 |
|---|---|---|---|
| 짠맛 | 0.4 | 간장이 생고기의 맛을 안정적으로 잡아줌 | 생식 특유의 불균형을 조율 |
| 감칠맛 | 0.5 | 소고기 자체 감칠맛 구조가 리드 | 고단백 + 저열 처리로 감칠맛 강화 |
| 단맛 | 0.4 | 배, 설탕의 단맛이 생고기 긴장감 완화 | 육회 특유의 대비 구조 |
| 지방감 | 0.3 | 노른자와 참기름의 부드러운 연결 | 날고기의 텍스처를 매끄럽게 연결 |
| 수분감 | 0.3 | 배와 육즙에서 유도되는 시원한 흐름 | 입안의 상쾌한 리듬 형성 |
| 매운맛 | 0.1 | 마늘의 미세한 피날레 자극 | 전체 향 구조 마무리 보완 |

# Unit 4. 나물 비빔밥 - 조화와 통합의 상징적 한식

## 1. 기본정보

| 항목 | 내용 |
|---|---|
| 요리명 | 나물 비빔밥 |
| 작성자/콘텐츠 명 | HANSIK x PAIRING GPT |
| 작성일자 | 2025. 07. 10. |

| | |
|---|---|
| 인원수(인분) | 2~3인분 |
| 준비시간 | 15분 |
| 조리시간 | 15분 |
| 총 소요시간 | 30분 |
| 계절 분류 | 사계절(계절 나물 변경 가능) |
| 스토리텔링 | 다양한 채소의 향과 맛이 하나의 그릇에 어우러진 조화<br>겉으로는 평범하지만, 속에는 절제와 균형의 미학이 숨쉬는 전통 '퍼포먼스 요리' |

## 2. 재료 구성

| 구분 | 재료 | 양 | 감각 비중 (0~1) | 기준 수치 (%) | 감각 설명 |
|---|---|---|---|---|---|
| 주재료 | 밥<br>(따뜻한 흰쌀밥) | 1공기<br>(약 210g) | 0.4 | 25% | 요리 전체의 베이스 구조, 감각 수용체 |
| | 시금치나물 | 50g | 0.3 | 10% | 부드러운 식감, 초록 계열 향 |
| | 고사리나물 | 50g | 0.3 | 10% | 쌉쌀한 여운, 텍스처 조화 |
| | 도라지나물 | 40g | 0.3 | 8% | 아린 맛과 향의 피날레 구조 |
| 부재료 | 달걀프라이(반숙) | 1개 | 0.3 | 8% | 지방감과 온도의 정서 연결 |
| 소스 베이스 | 고추장 | 1큰술<br>(약 30g) | 0.5 | 15% | 단짠맵의 중심, 전체 감각 조율 |
| 양념류 | 참기름 | 1작은술<br>(약 5g) | 0.2 | 5% | 고소한 마무리, 향의 피날레 |
| | 깨소금 | 1작은술<br>(약 2g) | 0.2 | 2% | 텍스처 보완과 풍미 연결 |
| | 식초<br>(도라지 무침용) | 1작은술<br>(약 5g) | 0.1 | 2% | 산미 대비, 입안 리듬 정돈 |

- **기준 수치 총합**: 85%

## 3. 0~5차원 구조 해석

| 차원 | 키워드 | 이 요리에서의 적용 |
|---|---|---|
| 0차원<br>(기본맛) | 짠맛, 단맛, 감칠맛, 지방감, 수분감, 쓴맛 | 고추장 – 발효 단짠<br>나물 – 쓴맛·감칠맛 보완 |
| 1차원<br>(맛의 흐름) | 단맛 → 짠맛 → 감칠맛 → 향 → 쓴맛 | 균형 속 다층 구조 |
| 2차원<br>(향·표면 텍스처) | 발효향, 참기름 향<br>질감의 대비(밥 vs 나물) | 텍스처 층 다양 |
| 3차원<br>(입안 레이어) | 탑: 입자감 시작<br>미들: 조직감·수분감<br>베이스: 마감 정돈 | 향과 텍스처 분리 후 통합 |
| 4차원<br>(시간성) | 식사 직전 조합<br>계절 나물 선택 가능 | 타이밍이 감각 영향 |
| 5차원<br>(감정·문화) | 통합, 절제, 비움<br>불고기·청국장 등과 조화되는 중심 | 사찰음식·민가요리 문화의 교차점 |

## 4. 조리방법

| 단계 | 설명 |
|---|---|
| Step 1 | 나물(도라지, 고사리, 시금치 등)을 데치고 양념해 준비 |
| Step 2 | 밥을 고슬고슬하게 지음 |
| Step 3 | 밥 위에 나물을 골고루 올리고, 고추장·참기름 추가 |
| Step 4 | (선택) 달걀프라이 얹기 |
| Step 5 | 먹기 직전 전체를 섞어 균형감 있게 조리 |

## 5. 감각 비중 수치 설명표

| 감각 요소 | 적용 비중 | 이유 | 근거 또는 참고 |
|---|---|---|---|
| 짠맛 | 0.3 | 고추장의 짠맛이 소스 중심축을 구성 | 단맛과의 균형이 중요 |
| 감칠맛 | 0.4 | 나물과 고추장의 복합 감칠맛 구조 | 장류의 깊이와 나물의 은근한 풍미 |
| 단맛 | 0.3 | 고추장의 단맛 + 달걀의 부드러움 | 조화 중심의 한식 비빔 구조 |
| 산미 | 0.1 | 도라지무침의 산미로 대비 구조 | 입맛 회복, 여름철 대비 등 |
| 매운맛 | 0.2 | 고추장의 자극이 전체 감각을 리드하지 않게 조율 | 입안에서 길게 남지 않게 설계 |
| 지방감 | 0.3 | 달걀노른자, 참기름에서 오는 유화 효과 | 입안의 부드러운 연결과 정서성 |

# Unit 5. 닭볶음탕 - 매운맛의 정서 코딩과 서민적 위로

## 1. 기본정보

| 항목 | 내용 |
|---|---|
| 요리명 | 닭볶음탕 |
| 작성자/콘텐츠 명 | HANSIK x PAIRING GPT |

| 작성일자 | 2025. 07. 10. |
|---|---|
| 인원수(인분) | 4인분 |
| 준비시간 | 15분 |
| 조리시간 | 40분 |
| 총 소요시간 | 55분 |
| 계절 분류 | 가을·겨울 추천 |
| 스토리텔링 | 매운 김이 올라오는 뚝배기<br>온몸이 따뜻해지며 한입마다 정서의 방패처럼 감싸주는 위로 요리<br>자극 속의 부드러움, 서민적 잔향 |

## 2. 재료 구성

| 구분 | 재료 | 양 | 감각 비중 (0~1) | 기준 수치 (%) | 감각 설명 |
|---|---|---|---|---|---|
| 주재료 | 닭<br>(토막 낸 닭고기) | 700g | 0.6 | 35% | 단백질 중심, 육즙과 감칠맛 중심축 |
| 부재료 | 감자 | 1개<br>(약 150g) | 0.3 | 10% | 부드러운 텍스처, 탄수화물 보완 |
| | 양파 | 1개<br>(약 150g) | 0.3 | 10% | 단맛과 수분감 부여 |
| | 당근 | 1/2개<br>(약 70g) | 0.2 | 5% | 색감, 단맛 보조 |
| 소스 베이스 | 고추장 | 2큰술<br>(약 40g) | 0.5 | 15% | 매운맛과 단짠 중심 구조 형성 |
| | 간장 | 2큰술<br>(약 30g) | 0.4 | 10% | 짠맛 중심, 고기의 풍미 강조 |
| | 설탕 | 1큰술<br>(약 15g) | 0.3 | 5% | 단맛 조화, 어린 입맛 호감도 상승 |

| | | | | | |
|---|---|---|---|---|---|
| 양념류 | 다진 마늘 | 1큰술 (약 15g) | 0.2 | 3% | 향의 중심, 전체 맛 연결 |
| | 생강즙 | 1작은술 (약 5g) | 0.1 | 2% | 자극감 부여, 비린내 제거 |
| | 참기름 | 1작은술 (약 5g) | 0.2 | 3% | 풍미와 마무리 구조 |

- **기준 수치 총합**: 98%

## 3. 0~5차원 구조 해석

| 차원 | 키워드 | 이 요리에서의 적용 |
|---|---|---|
| **0차원 (기본맛)** | 짠맛, 단맛, 감칠맛, 매운맛, 수분감, 지방감 | 간장·고추장·닭육즙이 다층 구조 |
| **1차원 (맛의 흐름)** | 단맛 → 짠맛 → 매운맛 → 감칠맛 → 수분 | 매운맛이 리드하며, 감칠맛과 단맛으로 여운 정리 |
| **2차원 (향·표면 텍스처)** | 닭 + 고추의 고온 향<br>채소의 부드러움 vs 양파의 아삭함 | 자극과 위안이 공존하는 식감 |
| **3차원 (입안 레이어)** | 탑: 부드러운 접촉<br>미들: 조직감·결 탄력<br>베이스: 점성 유지 | 농도감 중심 전개 |
| **4차원 (시간성)** | 장시간 끓이기 → 풍미 농축 → 온도 지속 | 가정식의 시간성 표본 |
| **5차원 (감정·문화)** | 자극 속 위로<br>가족 식탁의 중심<br>매운 정서의 해방감 | 정서적 '뜨거움'의 기억 코딩 |

## 4. 조리방법

| 단계 | 설명 |
|---|---|
| Step 1 | 닭 손질 후 끓는 물에 데쳐 잡내 제거 |
| Step 2 | 육수 베이스에 간장, 고추장, 고춧가루, 설탕, 마늘 넣고 닭 넣기 |
| Step 3 | 감자, 당근, 양파 넣고 중불에서 30분 이상 끓이기 |
| Step 4 | 마지막에 대파, 생강즙 넣고 5분 더 끓이기 |
| Step 5 | 국물 점도 조절, 취향 따라 청양고추 추가 가능 |

## 5. 감각 비중 수치 설명표

| 감각 요소 | 적용 비중 | 이유 | 근거 또는 참고 |
|---|---|---|---|
| **짠맛** | 0.4 | 간장의 짠맛이 고기 맛을 조율 | 조리 중 우러나오는 간의 중심축 |
| **감칠맛** | 0.5 | 닭고기 육즙과 양념의 깊이감 | 단백질 기반 풍미 강화 |
| **단맛** | 0.4 | 설탕과 채소의 자연 단맛 조화 | 대중적 호감도 형성 |
| **매운맛** | 0.5 | 고추장의 리드, 감정적 해방 유도 | 피날레 자극과 따뜻한 정서 유도 |
| **지방감** | 0.3 | 닭껍질과 참기름의 부드러운 잔향 | 입안의 감각 연결 보완 |
| **수분감** | 0.2 | 감자·양파·당근에서 나오는 자연 육수 | 조리 중 수분의 흐름 유지 |

# Unit 6. 김치전 - 발효와 튀김, 텍스처의 극단적 대비

## 1. 기본정보

| 항목 | 내용 |
|---|---|
| 요리명 | 김치전 |
| 작성자/콘텐츠 명 | HANSIK x PAIRING GPT |
| 작성일자 | 2025. 07. 10. |
| 인원수(인분) | 2~3인분 |
| 준비시간 | 10분 |
| 조리시간 | 15분 |
| 총 소요시간 | 25분 |
| 계절 분류 | 사계절 가능(특히 장마철 추천) |
| 스토리텔링 | 장마철 창문 너머 빗소리와 함께 익어가는 지글지글한 소리<br>발효의 묵직함과 바삭함의 경쾌함이 공존하는 정서적 대비 |

## 2. 재료 구성

| 구분 | 재료 | 양 | 감각 비중 (0~1) | 기준 수치 (%) | 감각 설명 |
|---|---|---|---|---|---|
| 주재료 | 잘 익은 김치 | 150g | 0.5 | 25% | 발효 중심 풍미, 전 전체의 감각 리더 |
| | 부침가루 | 100g | 0.4 | 20% | 튀김 텍스처 기반 형성, 고소함 중심 |
| 부재료 | 양파 | 1/2개 (약 75g) | 0.3 | 10% | 단맛과 수분 보완 |
| | 부추 | 30g | 0.2 | 5% | 시원한 청향과 색감 강조 |
| 소스 베이스 | 김치국물 | 3큰술 (약 45g) | 0.3 | 12% | 산미·감칠맛 강화, 풍미 연결 |
| 양념류 | 고춧가루 | 1작은술 (약 5g) | 0.2 | 5% | 시각 강조와 매운 리듬 |
| | 설탕 | 1작은술 (약 5g) | 0.2 | 5% | 산미 조화와 풍미 감싸기 |
| | 식용유 | 3큰술 (약 30g) | 0.3 | 15% | 튀김식감 형성과 고소한 마무리 |

- **기준 수치 총합**: 97%

## 3. 0~5차원 구조 해석

| 차원 | 키워드 | 이 요리에서의 적용 |
|---|---|---|
| 0차원 (기본맛) | 산미, 감칠맛, 짠맛, 수분감, 지방감 | 묵은지 발효 산미와 튀김의 지방감이 양극단을 형성 |
| 1차원 (맛의 흐름) | 산미 → 감칠맛 → 바삭 → 짠맛 | 입안에서 리듬감 있게 펼쳐지는 대비 구조 |
| 2차원 (향·표면 텍스처) | 김치 발효향 vs 튀김의 고소한 향<br>겉바속촉 구조 | 감성적 대비가 선명함 |
| 3차원 (입안 레이어) | 탑: 표면 바삭<br>미들: 밀도·씹힘<br>베이스: 기름감 지속 | 바삭함 대비 후 부드러움 전개 |

| | | |
|---|---|---|
| **4차원 (시간성)** | 튀김의 온도감, 발효의 시간성 | 오래 숙성된 맛의 여운과 지금의 바삭함이 교차 |
| **5차원 (감정·문화)** | 빗소리, 기다림, 엄마의 손맛, 장마철 정서 | 기분을 바꾸는 '소리와 향의 요리' |

## 4. 조리방법

| 단계 | 설명 |
|---|---|
| Step 1 | 김치를 잘게 썰고 물기 살짝 짜기 |
| Step 2 | 부침가루, 물과 섞어 반죽 만들기 |
| Step 3 | 식용유 넉넉히 두르고 중불에서 노릇하게 부치기 |
| Step 4 | 필요시 참기름 살짝, 고추와 양파로 마무리 |
| Step 5 | 간장 + 식초 디핑 소스로 함께 제공 |

## 5. 감각 비중 수치 설명표

| 감각 요소 | 적용 비중 | 이유 | 근거 또는 참고 |
|---|---|---|---|
| **짠맛** | 0.3 | 김치 자체의 염도 중심 유지 | 소금 간을 더하지 않아도 충분 |
| **감칠맛** | 0.4 | 발효 김치 + 김치국물에서의 깊은 감칠맛 | 자연 숙성 감칠맛 구조 활용 |
| **단맛** | 0.3 | 설탕·양파의 자연 단맛 | 발효 산미와의 균형 유도 |
| **산미** | 0.4 | 김치의 발효 산미가 중심 피날레 | 튀김의 느끼함 중화 효과 |
| **매운맛** | 0.3 | 김치 자체와 고춧가루의 복합 자극 | 전형적 김치전의 캐릭터 표현 |
| **지방감** | 0.4 | 식용유에서의 튀김감 | 입안에서의 고소하고 바삭한 피날레 형성 |
| **텍스처** | 0.5 | 김치의 씹힘 + 부침가루의 크리스피함 | 구조적 대비감 부각 |

## Unit 7. 청국장 - 향과 발효의 깊이, 한국 정서의 '후각 중심축'

### 1. 기본정보

| 항목 | 내용 |
| --- | --- |
| 요리명 | 청국장 |
| 작성자/콘텐츠 명 | HANSIK x PAIRING GPT |
| 작성일자 | 2025. 07. 10. |
| 인원수(인분) | 4인분 |
| 준비시간 | 10분 |
| 조리시간 | 25분 |
| 총 소요시간 | 35분 |
| 계절 분류 | 겨울 적합(따뜻한 정서 강조) |
| 스토리텔링 | 익숙하지만 도전적인 향<br>발효가 만들어낸 깊이와 기억, 그리고 집이라는 장소성에 대한 은근한 위로 |

## 2. 재료 구성

| 구분 | 재료 | 양 | 감각 비중 (0~1) | 기준 수치 (%) | 감각 설명 |
|---|---|---|---|---|---|
| 주재료 | 청국장 | 150g | 0.6 | 30% | 발효향 중심축, 감칠맛과 향의 베이스 노트 |
| | 두부 | 1/2모 (약 150g) | 0.3 | 15% | 부드러운 텍스처, 중화 기능 |
| 부재료 | 애호박 | 1/2개 (약 80g) | 0.2 | 7% | 달큼한 식감과 청량한 배경 |
| | 양파 | 1/2개 (약 75g) | 0.2 | 8% | 수분감과 단맛 보완 |
| | 청양고추 | 1개 (약 10g) | 0.3 | 3% | 날카로운 자극과 향 강조 |
| 소스 베이스 | 된장 | 1큰술 (약 20g) | 0.4 | 10% | 청국장과의 감칠맛 상승 구조 |
| | 멸치육수 | 500ml | 0.2 | 20% | 전체 맛 연결과 밸런스 구조 형성 |
| 양념류 | 다진 마늘 | 1작은술 (약 5g) | 0.2 | 4% | 베이스 향 강화, 발효향 밸런스 |
| | 들기름 | 1작은술 (약 5g) | 0.3 | 3% | 고소한 잔향 마무리, 향적 안정감 |

- **기준 수치 총합**: 100%

## 3. 0~5차원 구조 해석

| 차원 | 키워드 | 이 요리에서의 적용 |
|---|---|---|
| 0차원 (기본맛) | 감칠맛, 짠맛, 지방감, 수분감 | 청국장의 감칠맛과 향이 주축, 육수와 두부로 중화 |
| 1차원 (맛의 흐름) | 감칠맛 → 향미 확산 → 수분 완화 | 강렬한 향이 퍼지고 수분으로 부드럽게 감싸짐 |

| | | |
|---|---|---|
| 2차원<br>(향·표면 텍스처) | 발효향 중심<br>식감 대비는 부드러움 위주 | 향의 잔향이 길고, 식감은 둥글고 안정적 |
| 3차원<br>(입안 레이어) | 탑: 입자감 시작<br>미들: 밀도·조직감<br>베이스: 점성 유지 | 발효 질감 주도 |
| 4차원<br>(시간성) | 숙성 + 끓임 반복의 조리 | 조리 중 점진적 향 완화와 텍스처 통합 |
| 5차원<br>(감정·문화) | 발효 중심의 후각 정서, 겨울철 정서적 완결 | 진한 향이 과거의 따뜻한 식탁을 소환 |

## 4. 조리방법

| 단계 | 설명 |
|---|---|
| Step 1 | 육수 끓이기(멸치, 다시마 기반) |
| Step 2 | 감자·호박·마늘을 넣고 5분간 끓이기 |
| Step 3 | 청국장 풀기, 두부 투입 후 10분 더 조리 |
| Step 4 | 고춧가루, 소금으로 간 조절 |
| Step 5 | 대파 넣고 2분 마무리 끓이기 |

## 5. 감각 비중 수치 설명표

| 감각 요소 | 적용 비중 | 이유 | 근거 또는 참고 |
|---|---|---|---|
| **짠맛** | 0.4 | 청국장·된장의 염도 중심 | 전통 발효식 특유의 염도 구조 |
| **감칠맛** | 0.5 | 청국장·멸치육수·된장의 복합 감칠맛 | 다층적 깊이 형성 |
| **산미** | 0.1 | 없음 또는 미세한 콩 발효 산미 | 발효류의 은은한 배경감 |
| **매운맛** | 0.2 | 청양고추의 자극적 피날레 | 전체 구조에 긴장 부여 |

| 지방감 | 0.3 | 들기름의 잔향적 마무리 | 고소한 여운 구조 |
|---|---|---|---|
| 수분감 | 0.4 | 육수 기반, 재료 자체 수분 | 국물의 흐름성과 부드러움 |
| 향 | 0.6 | 청국장 고유 향이 메인 중심축 | 강한 베이스노트 기능 |

## Unit 8. 잡채 - 감칠맛 + 단맛 + 기름감이 만드는 구조적 유연성

### 1. 기본정보

| 항목 | 내용 |
|---|---|
| 요리명 | 잡채 |
| 작성자/콘텐츠 명 | HANSIK x PAIRING GPT |
| 작성일자 | 2025. 07. 10. |
| 인원수(인분) | 4인분 |
| 준비시간 | 20분 |
| 조리시간 | 20분 |
| 총 소요시간 | 40분 |

| 계절 분류 | 사계절용 |
|---|---|
| 스토리텔링 | 잔칫날, 기쁨과 축하의 상징<br>한 접시에 여러 감정과 재료가 어우러지는 화합의 미학 |

## 2. 재료 구성

| 구분 | 재료 | 양 | 감각 비중 (0~1) | 기준 수치 (%) | 감각 설명 |
|---|---|---|---|---|---|
| 주재료 | 당면 | 150g | 0.5 | 30% | 중심 탄수화물 식감, 부드럽고 탄력 있는 베이스 |
| | 소고기 (불고기용) | 100g | 0.4 | 15% | 단짠 감칠맛 구조, 풍미 중심 |
| 부재료 | 시금치 | 50g | 0.2 | 5% | 씁쓸한 그린향과 색감 강조 |
| | 당근 | 50g | 0.2 | 5% | 단맛 보완, 식감 대비 |
| | 표고버섯 | 40g | 0.3 | 6% | 향과 감칠맛의 중심 보조 |
| | 양파 | 1/2개 (약 75g) | 0.2 | 8% | 단맛과 수분 보강 |
| 소스 베이스 | 간장 | 2큰술 (약 30g) | 0.5 | 10% | 짠맛과 감칠맛의 핵심 |
| | 설탕 | 1큰술 (약 10g) | 0.3 | 5% | 단짠 조화의 중심축 |
| 양념류 | 참기름 | 1큰술 (약 10g) | 0.4 | 4% | 고소한 잔향, 윤기 강조 |
| | 다진 마늘 | 1작은술 (약 5g) | 0.2 | 2% | 향 조정, 고기 풍미 강조 |

- **기준 수치 총합**: 90%

## 3. 0~5차원 구조 해석

| 차원 | 키워드 | 이 요리에서의 적용 |
|---|---|---|
| 0차원<br>(기본맛) | 감칠맛, 단맛, 짠맛, 수분감, 지방감 | 단짠 중심 + 감칠맛 소고기 + 참기름의 기름감 |
| 1차원<br>(맛의 흐름) | 단맛 → 짠맛 → 감칠맛 → 지방 여운 | 명확한 구조 흐름으로 입체감 구성 |
| 2차원<br>(향·표면 텍스처) | 볶음 향, 참기름향<br>채소의 텍스처 대비 | 향은 부드럽고, 식감은 다양한 단계성을 가짐 |
| 3차원<br>(입안 레이어) | 탑: 부드러운 접촉<br>미들: 탄력·수분감<br>베이스: 미끄러짐 정착 | 식재료 탄력 일정 진행 |
| 4차원<br>(시간성) | 재료별 시간차 조리 + 직전 조합 | '직전 조합'으로 신선함 유지 |
| 5차원<br>(감정·문화) | 잔칫날의 기쁨, 통합의 상징 | 축하와 감정적 고조 표현 |

## 4. 조리방법

| 단계 | 설명 |
|---|---|
| Step 1 | 당면 불리기(20분) |
| Step 2 | 고기 양념(간장, 설탕, 마늘) 후 볶기 |
| Step 3 | 채소는 각각 볶아 따로 준비 |
| Step 4 | 불린 당면을 볶고, 모든 재료를 한데 섞기 |
| Step 5 | 참기름, 후추로 마무리 향 구성 |

## 5. 감각 비중 수치 설명표

| 감각 요소 | 적용 비중 | 이유 | 근거 또는 참고 |
|---|---|---|---|
| 짠맛 | 0.5 | 간장이 중심을 형성 | 당면과 육류의 감칠맛을 리드 |
| 감칠맛 | 0.5 | 간장·표고·소고기에서 오는 복합 감칠맛 | 다층적 풍미 조성 |
| 단맛 | 0.4 | 설탕, 양파, 당근에서 오는 자연+가공 단맛 | 감칠맛과 짠맛의 완화와 조화 |
| 지방감 | 0.3 | 참기름의 고소함 | 마무리 질감과 향 구조 담당 |
| 향 | 0.3 | 표고·참기름·마늘의 향 조화 | 부드럽고 친숙한 풍미 형성 |
| 텍스처 | 0.5 | 당면의 쫄깃함 + 야채의 아삭함 | 구조적 유연성의 핵심 요소 |

# Unit 9. 제육볶음 - 강한 주 맛과 매운맛 조절, 대중성과 감정 해방

## 1. 기본정보

| 항목 | 내용 |
|---|---|
| 요리명 | 제육볶음 |
| 작성자/콘텐츠 명 | HANSIK x PAIRING GPT |
| 작성일자 | 2025. 07. 10. |
| 인원수(인분) | 4인분 |
| 준비시간 | 15분 |
| 조리시간 | 15분 |
| 총 소요시간 | 30분 |
| 계절 분류 | 사계절/특히 가을, 겨울 인기 |
| 스토리텔링 | 바쁜 일상 속 강렬한 위로<br>스트레스를 날리는 매운맛의 감정 해방 |

## 2. 재료 구성

| 구분 | 재료 | 양 | 감각 비중 (0~1) | 기준 수치 (%) | 감각 설명 |
|---|---|---|---|---|---|
| 주재료 | 돼지고기 (앞다리살) | 200g | 0.6 | 35% | 지방감과 감칠맛 중심, 단짠 구조의 기반 |
| 부재료 | 양파 | 1/2개(약 75g) | 0.2 | 10% | 단맛 보조와 수분 제공 |
| | 대파 | 1대(약 50g) | 0.2 | 5% | 향 조화 및 풍미 강조 |
| 소스 베이스 | 고추장 | 1.5큰술(약 30g) | 0.5 | 12% | 매운맛과 감칠맛의 핵심 구조 |
| | 간장 | 1큰술(약 15g) | 0.4 | 8% | 짠맛과 감칠맛의 조율 |
| | 설탕 | 1큰술(약 10g) | 0.3 | 5% | 단짠 조화의 중심 |

| 양념류 | 다진 마늘 | 1큰술(약 10g) | 0.3 | 5% | 자극과 향의 상승 |
|---|---|---|---|---|---|
| | 고춧가루 | 1큰술(약 7g) | 0.4 | 6% | 매운 피날레와 시각적 자극 |
| | 참기름 | 1작은술(약 5g) | 0.3 | 4% | 지방감 보강과 마무리 향 |

- **기준 수치 총합**: 90%

## 3. 0~5차원 구조 해석

| 차원 | 키워드 | 이 요리에서의 적용 |
|---|---|---|
| 0차원<br>(기본맛) | 감칠맛, 짠맛, 단맛, 매운맛, 지방감 | 발효 고추장 + 간장 + 육류의 복합 구조 |
| 1차원<br>(맛의 흐름) | 단맛 → 매운맛 → 감칠맛 → 지방 여운 | 단짠 후 매운 강도 상승 |
| 2차원<br>(향·표면 텍스처) | 고추장 발효향, 파·마늘·참기름 향 | 중간 강도의 강한 풍미 |
| 3차원<br>(입안 레이어) | 탑: 가벼운 탄력<br>미들: 조직감·탄력<br>베이스: 코팅감 완만 | 레이어 대비 후 수렴 |
| 4차원<br>(시간성) | 빠른 조리, 즉시 제공 | 점심, 술안주 등 즉시성 중요 |
| 5차원<br>(감정·문화) | 대중적 해방감, 분노 해소, 회복 | 매운맛의 사회적 코드 발동 |

## 4. 조리방법

| 단계 | 설명 |
|---|---|
| Step 1 | 돼지고기 밑간(간장, 설탕, 마늘, 고추장) 후 10분 마리네이드 |
| Step 2 | 파기름을 내고 고기와 양념을 볶기 시작 |
| Step 3 | 양파·당근·대파를 순차적으로 넣고 볶기 |
| Step 4 | 마지막에 참기름으로 향 정리 후 마무리 |

## 5. 감각 비중 수치 설명표

| 감각 요소 | 적용 비중 | 이유 | 근거 또는 참고 |
|---|---|---|---|
| 짠맛 | 0.5 | 간장과 고추장의 염도 중심 | 돼지고기와 조화를 이룸 |
| 감칠맛 | 0.5 | 고추장, 간장, 육류의 복합 감칠맛 | 대중적 선호 구조 |
| 단맛 | 0.3 | 설탕, 양파의 단맛 조화 | 짠맛 대비 및 부드러운 인상 |
| 매운맛 | 0.4 | 고추장 + 고춧가루 | 입안 긴장감 형성 |
| 지방감 | 0.4 | 돼지고기 자체와 참기름의 보강 | 전체 텍스처와 풍미 강화 |
| 향 | 0.3 | 마늘, 고추 향, 참기름의 조화 | 향적 피날레 제공 |
| 수분감 | 0.2 | 양파와 대파에서 제공 | 조리 후 촉촉함 유지 |

## Unit 10. 동태찌개 - 시원함 + 매운맛 + 발효가 섞인 겨울 정서

## 1. 기본정보

| 항목 | 내용 |
|---|---|
| 요리명 | 동태찌개 |
| 작성자/콘텐츠 명 | HANSIK x PAIRING GPT |
| 작성일자 | 2025. 07. 10. |
| 인원수(인분) | 4인분 |
| 준비시간 | 15분 |
| 조리시간 | 25분 |
| 총 소요시간 | 40분 |
| 계절 분류 | 겨울 중심/사계절 가능 |
| 스토리텔링 | 겨울 장터의 따뜻한 김<br>동태살의 촉감, 김치의 발효향, 칼칼한 국물이 마음까지 녹이는 따뜻한 풍경 |



## 2. 재료 구성

| 구분 | 재료 | 양 | 감각 비중 (0~1) | 기준 수치 (%) | 감각 설명 |
|---|---|---|---|---|---|
| 주재료 | 동태<br>(손질된 것) | 250g | 0.6 | 30% | 단백질 기반, 시원한 어류 감각 구조 중심 |
| 부재료 | 무 | 100g | 0.3 | 10% | 청량한 수분감과 시원한 단맛 강조 |
| | 두부 | 100g | 0.3 | 10% | 부드러운 텍스처, 단백감 보조 |
| | 대파 | 50g | 0.2 | 5% | 향적 상단 구조, 청향 보조 |
| 소스 베이스 | 된장 | 1큰술<br>(20g) | 0.3 | 6% | 발효의 감칠맛 구조 형성 |
| | 고추장 | 1큰술<br>(20g) | 0.4 | 8% | 매운맛 + 감칠맛의 이중 구조 |
| | 국간장 | 1큰술<br>(15g) | 0.3 | 6% | 염도 중심 조절과 감칠맛 보완 |

| | | | | | |
|---|---|---|---|---|---|
| 양념류 | 다진 마늘 | 1큰술<br>(약 10g) | 0.3 | 5% | 향적 자극 및 발효 감칠맛 보완 |
| | 고춧가루 | 1큰술<br>(약 7g) | 0.4 | 5% | 매운 피날레, 시각 강조 |
| | 생강즙 | 1작은술<br>(약 5g) | 0.2 | 3% | 비린내 제거와 따뜻한 향 부여 |
| | 다시마육수 | 500ml | - | 비표시 | 기본 베이스 수분 제공, 기준 수치 제외 항목 |

- **기준 수치 총합**: 88%
- 육수와 기타 데코, 증발 수분 제외 시 실제 감각 중심 요소만 반영

## 3. 0~5차원 구조 해석

| 차원 | 키워드 | 이 요리에서의 적용 |
|---|---|---|
| **0차원<br>(기본맛)** | 감칠맛, 짠맛, 산미, 매운맛, 수분감 | 발효 + 육수 + 해산물의 복합적 시원함 |
| **1차원<br>(맛의 흐름)** | 산미 → 감칠맛 → 매운 → 짠 → 시원 | 단계별 입체감 확산 |
| **2차원<br>(향·표면 텍스처)** | 김치 발효향, 고춧가루의 따뜻한 향 | 후각의 기억감 작동 |
| **3차원<br>(입안 레이어)** | 탑: 부드러운 접촉<br>미들: 조직결·분질감<br>베이스: 수분감 잔존 | 식감 층 시간차 분리 |
| **4차원<br>(시간성)** | 끓일수록 깊어지는 맛<br>즉시성 + 숙성의 공존 | 반복적 향 기억 생성 |
| **5차원<br>(감정·문화)** | 겨울의 대중적 위로<br>장터·가정의 정서 | '김 나는 한 그릇'의 감정 회복 구조 |

## 4. 조리방법

| 단계 | 설명 |
|---|---|
| Step 1 | 멸치육수 준비 후, 김치와 무를 넣고 끓이기 |
| Step 2 | 고춧가루, 마늘, 새우젓으로 양념 조정 |
| Step 3 | 동태, 콩나물, 두부, 대파를 넣고 10분 이상 끓이기 |
| Step 4 | 국간장으로 간 조절, 마지막 향 정리 후 제공 |

## 5. 감각 비중 수치 설명표

| 감각 요소 | 적용 비중 | 이유 | 근거 또는 참고 |
|---|---|---|---|
| **짠맛** | 0.5 | 국간장과 된장의 염도 중심 | 발효 짠맛과 깊이 조합 |
| **감칠맛** | 0.5 | 된장, 고추장, 어류 자체 감칠맛 구조 | 복합적 발효 감각 형성 |
| **매운맛** | 0.4 | 고추장, 고춧가루의 조합 | 겨울철 체온상승 감각 유도 |
| **단맛** | 0.2 | 무와 고추장 속 은은한 단맛 | 짠맛 대비 완화용 |
| **향** | 0.4 | 마늘, 생강, 고춧가루 등 향 신호 강도 높음 | 피날레와 상단 톤 형성 |
| **수분감** | 0.3 | 무·두부·육수로부터 나오는 청량감 | 시원함 강조, 겨울 특화 |

Chapter 9

# 술과 디저트의 다차원 마리아주

Chapter 9: 술과 디저트의 다차원 마리아주는 한식의 감각 구조를 마무리 짓는 정서적 피날레입니다. 이 장에서는 한식의 다차원적 맛 흐름과 주류·디저트의 감정 여운을 연결하여, 레스토랑·브랜드·홈셰프·교육자 모두에게 활용 가능한 입체적 페어링 방식을 제안합니다.

술과 디저트는 단순한 후식이 아닌, 전체 식사의 정서 코딩을 완성하는 키워드입니다. 산도, 타닌, 향의 구조/단맛, 감정 여운을 중심으로 한식과 연결될 때, 비로소 한식의 다차원 미각 구조는 하나의 예술로 마무리됩니다.



## Unit 1. 와인과 한식 - 산도, 타닌, 당도, 향의 구조 매칭

### 1. 왜 한식에 와인을 매칭할까?

한식은 복잡한 향, 발효의 감칠맛, 다양한 질감 구조를 갖고 있어 '평평한 맛'이 아닌 '입체적인 음미'가 가능합니다. 따라서, 입체적인 감각 구조를 가진 와인과 연결될 때 새로운 마리아주 경험이 만들어집니다.

많은 이들이 묻습니다. "기름진 스테이크엔 와인이 어울리지만, 김치찌개나 나물비빔밥에도 와인이 맞을까?" 답은 '예'입니다. 다만 그 페어링의 방식과 철학은 서양식과 다릅니다. 한식은 '주요리 하나'보다 전체 밥상 구조를 중심으로 맛의 흐름이 형성됩니다. 따라서 와인도 '메인 중심'이 아니라, 맛의 흐름과 정서의 여운에 맞게 매칭되어야 합니다.

## 2. 와인이란?

### 1) 와인이란 무엇인가요?

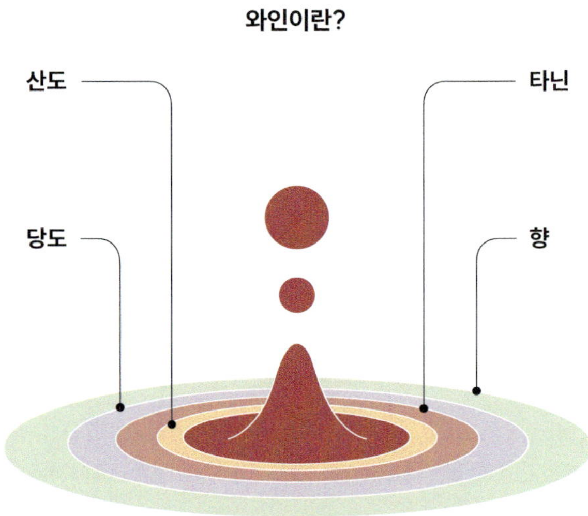


와인은 '맛 + 향 + 시간'이 함께 흐르는 음료입니다. 음식처럼 짠맛이나 감칠맛은 없지만, 대신 아래의 4가지 요소가 복합적으로 감각을 움직입니다.

- 산도(신맛)
- 타닌(떫은맛)
- 당도(단맛)
- 향(아로마)

→ 이 4가지 요소는 '구조'로 작용해, 한식의 감칠맛, 향, 매운맛과 감정적으로 잘 어울릴 수 있습니다.

### 2) 초보자도 이해할 수 있는 와인 감각 구조 4요소

| 감각 요소 | 설명 | 입안 느낌 | 한식에서의 역할 |
|---|---|---|---|
| **산도** | 와인의 신맛 정도 | 상큼함, 침 고임 | 기름기·느끼함을 씻어냄<br>(→ 튀김류, 고기류와 잘 어울림) |
| **타닌** | 폴리페놀 성분, 떫은맛 | 혀 안쪽이 마르고 텁텁한 느낌 | 단백질과 만나 부드러워짐<br>(→ 불고기, 장류와 어울림) |
| **당도** | 와인의 단맛 | 부드러움, 매운맛 완화 | 매운 음식과 궁합<br>(→ 제육볶음, 닭볶음탕) |
| **향(아로마)** | 꽃, 과일, 나무, 허브 등의 향 | 코와 입으로 감정적 여운 | 나물류, 발효 음식과 향 정서 매칭 |

- **참고**: 이 네 요소는 단독으로 존재하는 게 아니라, 서로 영향을 주며 '맛의 레이어'를 형성합니다.

### 3) 한식의 맛 구조와 와인이 만날 때

다양한 맛과 향, 질감이 공존하는 한식은 단맛·짠맛·신맛·쓴맛·감칠맛까지 폭넓은 스펙트럼을 지닌 음식입니다. 와인 페어링의 관점에서는 그 복합성 속에서 감칠맛·발효·기름감·매운맛을 핵심 매칭 축으로 삼으면 효과적입니다.

그러니 단순히 '무슨 와인을 마실까?'가 아니라 '이 음식의 구조를 와인의 어떤 구조로 연결하면 좋을까?'를 생각해야 합니다.

| 한식 감각 | 와인 감각 연결 | 이유 |
|---|---|---|
| **감칠맛/짠맛** | 타닌 | 깊이와 긴장감 연결 |
| **기름감/무게감** | 산도 | 리프레시, 입가심 효과 |
| **매운맛** | 당도 | 자극을 부드럽게 덮어줌 |
| **발효향·장맛** | 오크/허브 향 | 정서적 공명 & 향의 연결 |

### 4) 실제 마리아주 예시

#### ① 불고기 × Pinot Noir

- 불고기는 마리네이드 단짠 + 직화의 고소함
- Pinot Noir는 당도는 낮지만 붉은 과일 향과 부드러운 타닌이 있습니다.

→ 고기와 소스의 단짠을 덜어내고, 전체적인 향을 살려줍니다.

#### ② 제육볶음 × Riesling(스위트)

- 제육은 매콤하고 강한 양념 구조
- Riesling은 가벼운 단맛과 산도를 지닙니다.

→ 입안을 정리하며, 맵고 자극적인 요리를 부드럽게 마무리합니다.

#### ③ 된장찌개 × Barbera(이탈리아 와인)

- 된장의 감칠맛 + 짠맛 → 깊은 장맛
- Barbera는 산도가 높고 타닌은 적당합니다.

→ 짠맛과 발효 감칠맛을 강조하면서도, 질리지 않게 만들어줍니다.



### 5) 와인 – 한식 매칭을 잘하려면?

"이 음식에서 중심이 되는 감각은 무엇인가요?"를 먼저 물어보세요. 그다음, 와인의 구조(산도·타닌·당도·향) 중 그 감각을 보완할지, 강조할지 정하면 됩니다.

- 보완하려면: 매운맛 → 단맛
  기름기 → 산도
- 강조하려면: 향이 강한 음식 → 향이 풍부한 와인

### 6) 요약: 초보자를 위한 와인 마리아주 4단계 공식

| 단계 | 질문 | 예시 |
|---|---|---|
| ① 음식 중심 감각은? | 감칠맛? 매운맛? 향? | 제육볶음 = 매운맛 중심 |
| ② 그 감각을 보완할까, 강조할까? | 매운맛은 보완 | 당도 있는 화이트와인 |
| ③ 어떤 와인 요소를 사용할까? | 당도, 산도, 향 등 | Riesling(당도 + 산도) |
| ④ 감정적 맥락은 무엇인가요? | 따뜻함, 무게감, 향기 | 제육볶음 = 일상의 스트레스 해소, 감정 해방 |

**와인 마리아주 4단계 공식**

## 3. 한식 - 와인 페어링과 페어링 매칭 포인트

아래는 한식 × 와인 페어링 추천표입니다. 레드, 화이트, 로제, 기포 와인, 디저트 와인을 각각 5~6종씩 선정하고, 그에 맞는 한식과 페어링 매칭 포인트를 정리했습니다.

**한식 × 와인 페어링 추천표**

| 와인 종류 | 와인명 | 추천 한식 | 페어링 매칭 포인트 |
|---|---|---|---|
| 레드 | Pinot Noir | 불고기, 잡채 | 은은한 베리향 ↔ 단짠 구조 조화 |
| | Barolo | 갈비찜 | 강한 타닌 ↔ 농후한 육향·간장소스 |
| | Syrah | 제육볶음 | 매운맛 ↔ 스파이스·스모키함 조화 |
| | Tempranillo | 육회 | 생육의 섬세함 ↔ 가죽·체리향 대비 |
| | Malbec | 청국장 | 발효향 ↔ 짙은 타닌·과일감 구조 |
| 화이트 | Riesling(off - dry) | 김치전, 잡채 | 산미 ↔ 발효·유분감 해소 |
| | Sauvignon Blanc | 된장찌개 | 허브향 ↔ 구수한 국물 |
| | Chardonnay | 나물 비빔밥 | 바디감 ↔ 식물성 기름·버섯 향 |
| | Albariño | 오징어볶음 | 산도 ↔ 해산물 단짠 매운맛 |
| | Gewürztraminer | 유자청 디저트 | 향미 중첩 + 은은한 단맛 매칭 |

| | | | |
|---|---|---|---|
| 로제 | Provence Rosé | 육회, 제육볶음 | 복합적 향 ↔ 매운맛 정리 |
| | Tavel | 불고기 | 강한 로제 ↔ 단짠 구조 상승 |
| | Rosato | 나물 비빔밥 | 신선한 산미 ↔ 허브 비빔 조화 |
| | 로제 sparkling | 포도전, 김치전 | 가벼운 단맛 ↔ 발효·튀김 구조 완화 |
| | Sangiovese Rosé | 잡채 | 단맛 중심 구조와 상승 |
| 기포 | Cava | 해물파전 | 산도·탄산 ↔ 기름기 조절 |
| | Champagne | 육회 | 생식 섬세함 ↔ 미세 타닌 구조 |
| | Crémant | 김치전 | 발효·유분 ↔ 청량 산도 |
| | Moscato d'Asti | 디저트류 | 스위트 탄산 ↔ 단맛 레이어 강화 |
| | Franciacorta | 된장찌개 | 감칠맛·짠맛 ↔ 버블 구조 |
| 디저트 와인 | 포트 와인 | 흑임자 크림 디저트 | 깊은 단맛 ↔ 고소함 레이어 완결 |
| | Sauternes | 제철 과일 디저트 | 벌꿀 향 ↔ 과일산미 조화 |
| | Tokaji | 밤 단자, 한과 | 밀도 있는 단맛 ↔ 한식의 전통 디저트 |
| | Ice Wine | 유자 타르트 | 고농축 단산 ↔ 상큼한 베이스 강조 |
| | Vin Santo | 약과 | 캐러멜 향 ↔ 기름진 튀김 단맛 정리 |

# Unit 2. 전통주 - 막걸리, 약주, 안동소주 구조 해석

## 1. 전통주란?

우리나라의 발효 기반 주류로, 쌀과 누룩을 중심으로 만들어지는 한국 고유의 술입니다. 주로 막걸리, 약주, 청주, 증류주(안동소주 등)로 구분됩니다.

## 2. 전통주의 다차원 감각 구조

| 전통주 종류 | 맛 구조(0차원) | 향 구조(2차원) | 온도/숙성(4차원) | 감정 코드(5차원) |
|---|---|---|---|---|
| **막걸리** | 단맛, 산도,<br>약간의 탄산감 | 발효유향, 누룩향 | 시원하게 제공 | '농촌적 정겨움',<br>친근함 |
| **약주/청주** | 은은한 단맛, 산미,<br>깔끔함 | 꽃향, 곡향 | 차게 제공, 숙성에<br>따라 깊이 변화 | 정갈함, 절제된 기품 |
| **안동소주** | 강한 알코올감,<br>단맛의 잔향 | 나무향, 누룩발효,<br>오크감 | 숙성감 뚜렷함,<br>상온 제공 | 강렬함, 정서적<br>해방감 |

- 전통주는 와인처럼 향미와 발효 감각이 중요한 술입니다. 특히 누룩의 향은 한식의 장류와 깊은 연관이 있어 감정적 연결성이 높습니다.

## 3. 전통주별 한식 마리아주 예시

### 막걸리 × 파전, 김치전

- 발효 탄산 + 구수한 누룩 향
- 기름진 전 요리를 상쾌하게 정리해 줌
- **감각 구조**: 산미와 발효향이 중심 → 기름감 중화

### 약주 × 나물비빔밥, 불고기

- 은은한 단맛과 곡물향, 부드러운 산도
- 감칠맛이 살아있는 요리에 향의 깊이를 더함
- **감정 코드**: 정갈함, 절제된 한식의 우아함과 공명

### 안동소주 × 갈비찜, 제육볶음

- 강한 바디감과 술의 깊이
- 양념이 진한 고기류와 잘 어울림
- **감각 구조**: 타격감 있는 알코올 → 단짠/매운맛의 긴장 해소

## 4. 전통주의 다차원 페어링 원칙

| 기준 요소 | 막걸리 | 약주/청주 | 안동소주 |
|---|---|---|---|
| **중심 맛** | 산도, 단맛, 부드러움 | 은은한 단맛, 산미 | 강한 알코올 + 단짠 여운 |
| **어울리는 요리** | 전, 나물, 구이 | 조림, 나물밥, 생선찜 | 갈비찜, 매운볶음, 육류찜 |
| **문화적 느낌** | 서민적 정 | 절제와 우아함 | 전통과 해방, 깊이감 |
| **제공 온도** | 차갑게 | 차거나 미지근 | 상온, 숙성감 중시 |

## 5. 전통주와 음식 연결 팁

**Q. 음식과 전통주를 어떻게 매칭하나요?**

→ 음식의 감각 중심을 먼저 파악하고, 그에 따라 술의 감각을 선택합니다.

| 음식 중심 감각 | 추천 전통주 | 이유 |
|---|---|---|
| **기름지고 짠맛 많은 전** | 막걸리 | 산도와 탄산으로 기름감 제거 |
| **부드러운 나물, 불고기** | 약주/청주 | 향과 단맛으로 구조 조화 |
| **양념 강한 갈비, 제육** | 안동소주 | 강한 술이 단짠을 안정시킴 |

## 6. 한식 - 전통주 페어링과 페어링 매칭 포인트

막걸리는 기름진 전 요리 계열과 최고의 마리아주입니다. 발효향과 탄산이 기름기를 깨끗하게 정리하는 역할을 합니다. 약주/청주는 섬세한 곡물 향과 부드러운 맛으로 나물, 해산물 등의 깔끔한 한식과 우아한 조화를 만듭니다. 소주(일반)는 향이 깔끔하고, 육류·매운 음식의 강도를 보완하는 역할로 한식의 일상적 '안주술'에 최적입니다. 안동소주는 '전통적 숙성미'가 있어 무거운 고기 요리에 고급스러운 구조적 깊이를 부여합니다.

**전통주 × 한식 마리아주 추천표**

| 전통주 | 핵심 특성 | 어울리는 한식 | 매칭 포인트 |
|---|---|---|---|
| 막걸리 | 낮은 도수<br>약간의 발효 단맛·산미<br>미세 탄산 | 파전류(파전·김치전) | 기름진 전 요리에 상쾌함과 기름기 정리 |
| | | 녹두전·해물전 | 전의 풍미와 조화, 목 넘김이 개운함 |
| | | 김치전·두부김치 | 매콤·짠맛 완화, 위로 요소의 통합 |
| 약주/<br>청주 | 은은한 단맛<br>맑은 곡물 향<br>부드러운 산도 | 나물 비빔밥, 잡채(곡물·채소 중심) | 곡물향과 채소향의 우아한 조화 |
| | | 해산물전, 조개·굴 전 등 해산물 안주 | 신선한 해산물의 감칠맛을 살리고 향의 균형을 맞춤 |

<table>
<tr><td rowspan="2">소주(일반)</td><td rowspan="2">중간 도수(16~25%)<br>깔끔한 알코올<br>약간의 단맛</td><td>삼겹살, 불고기, 갈비</td><td>육류 기름기 제거, 매운 요리 자극 완화</td></tr>
<tr><td>김치찌개, 부대찌개, 떡볶이</td><td>매운·짠맛 완화 및 소화 도움</td></tr>
<tr><td rowspan="2">안동 소주</td><td rowspan="2">고도수(40% 전후)<br>숙성 향<br>깊은 바디감</td><td>갈비찜, 육회 등 진한 고기 요리</td><td>무거운 요리에 깊이감 부여</td></tr>
<tr><td>전통 한상차림(비빔밥 포함)</td><td>구성 복합성의 정서적 통합</td></tr>
<tr><td rowspan="2">청주(사케와 유사)</td><td rowspan="2">맑고 순한 단맛·풍미</td><td>해산물 요리(조개, 생선)</td><td>민감한 해산물 맛과 부드러운 매칭</td></tr>
<tr><td>가벼운 나물 또는 샐러드</td><td>곡물 향이 식물성 재료와 자연스러운 조화</td></tr>
</table>

| 디저트 유형 | 평균 당도(%) | 비고 |
|---|---|---|
| 무스, 크림류 | 8~12% | 생크림 + 설탕 기반으로 중간 당도 유지 |
| 푸딩, 젤리 | 10~15% | 당도감 뚜렷함, 설탕 또는 시럽 사용 |
| 케이크(스펀지 포함) | 12~18% | 본체 + 시럽 조합 기준, 아이싱 포함 시 상승 |
| 초콜릿/가나슈류 | 15~20% | 카카오 외 설탕, 버터 혼합 비율 고려 |
| 아이스크림, 셔벗 | 10~16% | 포도당 시럽 등 혼합 사용 |
| 유럽식 타르트류 | 8~14% | 크러스트 포함 기준 |
| 디저트 소스류(캐러멜 등) | 20~30% | 단독 섭취보다 디저트 보완용 |



## Unit 3. 디저트/음청류 - 단맛의 여운과 감정의 정리

### 1. 디저트의 다차원 구조란?

| 차원 | 적용 요소 | 설명 |
|---|---|---|
| 0차원 | 단맛, 산미, 지방감, 수분감 | 입안에 맴도는 기분 좋은 단맛 + 촉감적 안정 |
| 1차원 | 대비 vs 연장 | 본식의 여운을 이어가거나 반전시키는 역할 |
| 2차원 | 향 구조 - 스위트 아로마 | 바닐라, 시나몬, 과일향 등 감정적 마무리 향 |

| | | |
|---|---|---|
| **3차원** | 입체 구조 - 부드러움, 바삭함, 쫀득함 | 다양한 식감 대비로 기억 강화 |
| **4차원** | 제공 시기 - 식후/계절 감성 | 여름엔 차갑게, 겨울엔 따뜻하게 |
| **5차원** | 감정 정리 - 안도, 여운, 회상 | 마지막 정서 흐름 완성 |

## 2. 단맛은 어떻게 정리되는가?

### 1) 인간이 단맛을 감지하는 기준(감각 임계치)

감각 임계치Perceptual threshold는 인간이 단맛을 '인식하기 시작하는' 최소 농도를 말합니다. 설탕(수크로오스) 기준으로, 단맛 감지 임계치는 약 10mmol/L입니다. 이는 대략 1~2% 농도에 해당합니다. 실제 실험 결과, 물에 설탕 2%만 넣어도 70% 이상의 사람들이 '살짝 단맛'이라고 느낀다고 보고됩니다. 1~2% 농도에서 단맛이 '느껴지기 시작'하며, 5% 이상이 되면 대부분 '명확하게 단맛'이라 인지합니다.

### 2) 한식 vs 서양 디저트 비교

서양식 디저트의 단맛은 10~15% 정도로, 즉각 자극적이고 '달콤함'을 주된 감각 축으로 삼습니다. 예를 들면 아이스크림, 쿠키, 케이크, 젤리 등이 있습니다.
한식 디저트는 5~8%의 은은한 단맛이 전통적으로 적절하며, 이는 정서적 안정과 회상을 목적으로 설계된 결과입니다.

NCS 양식 디저트 조리에 대한 자료 분석을 통해, 디저트의 단맛 비율(설탕 등 당류 기준)은 다음과 같은 범위로 제시할 수 있습니다.

**NCS 양식 디저트 자료 분석을 통한 단맛(당도) 분석 요약**

| 디저트 유형 | 평균 당도(%) | 비고 |
|---|---|---|
| **무스, 크림류** | 8~12% | 생크림 + 설탕 기반으로 중간 당도 유지 |
| **유럽식 타르트류** | 8~14% | 크러스트 포함 기준 |

| | | |
|---|---|---|
| **푸딩, 젤리** | 10~15% | 당도감 뚜렷함, 설탕 또는 시럽 사용 |
| **아이스크림, 셔벗** | 10~16% | 포도당 시럽 등 혼합 사용 |
| **케이크(스펀지 포함)** | 12~18% | 본체 + 시럽 조합 기준, 아이싱 포함 시 상승 |
| **초콜릿/가나슈류** | 15~20% | 카카오 외 설탕, 버터 혼합 비율 고려 |
| **디저트 소스류(캐러멜 등)** | 20~30% | 단독 섭취보다 디저트 보완용 |

다음은 한식 디저트와 양식 디저트의 감각 구조와 문화적 맥락을 비교한 표입니다. 이 표는 감각 비중, 조리 방식, 사용 재료, 정서적 역할, 감정 여운 구조 등을 포함하여 교육, 메뉴 개발, 감정 설계에 활용할 수 있도록 구성했습니다.

**한식 vs 양식 디저트 감각·문화 구조 비교표**

| 항목 | 한식 디저트 | 양식 디저트 |
|---|---|---|
| **당도 비중(설탕 기준)** | 5~8%(은은한 단맛) | 10~15%(풍부한 단맛) |
| **기본 재료** | 곡물류, 콩, 과일청, 견과, 약재 | 크림, 버터, 밀가루, 초콜릿, 설탕 |
| **감각 구조** | 수분감 + 단맛 + 발효/구수 향 중심 | 단맛 + 지방감 + 산미 + 스위트 향 중심 |
| **주요 향 계열** | 구수, 한방, 유자, 생강, 곡물 | 바닐라, 카카오, 시트러스, 베리류 |
| **조리 방식** | 찜, 끓임, 졸임, 증편, 발효 | 베이킹, 냉장, 굽기, 가열 농축 |
| **감정 여운 구조** | 정리형, 위로형, 연속형 | 만족형, 반전형, 자극형 |
| **대표 메뉴** | 단호박찜, 수정과, 쌍화차, 떡, 식혜 | 티라미수, 타르트, 무스, 푸딩 |
| **정서적 역할** | 마음 안정, 추억, 마무리 | 풍미 강조, 감정 고조, 기분 전환 |
| **문화적 기반** | 자연 친화적, 철학적 절제 | 감정 표현적, 시각/감각 강조형 |
| **식사와의 연결** | 본식의 연장선(잉여 X) | 본식과 분리된 독립적 즐거움 |
| **대표 제공 방식** | 찻상 또는 식후 따뜻한 후식 | 디저트 접시, 아이스크림 등 차갑게 |

한식 디저트는 감정의 '정리와 회복'을 중심으로 구성되며, 단맛이 강하지 않지만 깊은 정서를 전달합니다.

양식 디저트는 감정의 '고조와 자극'을 유도하며, 시각·식감·향미까지 극대화된 즐거움을 추구합니다.

### 3) 디저트 단맛 기준 5~10% 근거

실제 디저트 설계에서는 단맛 5~10% 범위가 흔히 사용됩니다. 아이스크림, 젤라토, 시럽, 유자차 등의 경우 5~10% 범위가 일반적입니다. 이 수치는 감각의 만족과 식감·향의 균형을 고려한 식품 공학 기준입니다.

#### 이유 정리

- **감각적 만족 포인트(Bliss point)**
  - 적절한 당도(5~10%)는 딱 좋은 즐거움을 주는 영역입니다.
- **균형 유지**
  - 10% 이상이면 느끼함이 생기고 산미와 지방감의 조화가 깨질 수 있습니다.
- **제품 설계 기준**
  - 대부분 상업적 디저트 및 한식 디저트는 5~10%를 기준으로 설계됩니다.

**디저트 기준 당도 5~10%로 제시한 이유**

| 이유 | 설명 |
|---|---|
| 감각의 만족 포인트 | 디저트는 단맛이 주요 감각 축이므로, 최소 5%는 되어야 정서적 만족감 유도 |
| 균형성 | 10% 이상이 되면 느끼함 유발, 산미·지방감과 조화 무너지기 쉬움<br>→ 일반 디저트는 8% 전후로 설계됨 |
| 실제 제품 설계 기준 | 아이스크림, 커스터드, 유자차 등 대부분 5~10% 사이<br>(과일류까지 고려 시 최대 12%도 있음) |

### 4) 왜 '10% 이상'은 피할까요?

과도한 당도는 '느끼함'과 '감정 피로'를 유발합니다. 또한 신맛·지방감·향미, 그리고 균형을 깨뜨릴 위험이 있습니다. 특히 한식 맥락에서는 디저트도 은은한 단맛 중심이 많기 때문에, 5~8%가 적정선입니다.

### 5) 요약 정리

| 기준 | 설명 |
|---|---|
| **단맛 감지 임계치** | 1~2%(아주 약한 단맛도 감지 가능)<br>관능검사 결과, 설탕 2% 용액에 대해 "살짝 단맛이 느껴진다"라는 응답이 전체의 70% 이상 |
| **디저트용 적정 단맛** | 5~10% 수준이 일반적<br>이 범위는 대부분의 사람들이 '기분 좋게 느끼는 단맛'이며, 풍미 중심의 감정 유도형 단맛 구조를 만듬 |
| **10% 이상이 되는 경우** | 시럽, 젤리, 인공 캔디류와 같은 고자극 디저트에 한정<br>자극적이며, 감정적 '여운'보다 '쾌감'이 목적이 됨<br>일상 한식 디저트에서는 드뭄 |

→ 즉, 디저트 기준 당도 5~10%는 사람이 '기분 좋게' 느낄 수 있는 단맛의 정서적·기능적 골든존입니다. 2~4% 이하는 주로 조화 보조 역할이며 국물요리, 음료, 비빔요리의 단맛 조절에 사용됩니다. 10% 이상은 주 감각 자극으로 작용하지만, 정서적 '부드러움'보다는 단순 쾌감에 가까워 주의가 필요합니다.



## 3. 탄산음료(콜라, 사이다) vs 한식 디저트 단맛

콜라나 사이다는 보통 10~12%의 설탕 농도로 제조되어, 단맛이 과도하며 즉각적 자극을 유발합니다. 이 수치는 단맛 감지뿐 아니라 '강한 당도' 영역에 해당하며, 한식 디저트보다는 자극형 음료에 가까운 수준입니다.

**탄산음료 vs 한식 디저트 – 단맛 비교**

| 항목 | 당도(%) | 맛의 특징 | 감각 평가 |
|---|---|---|---|
| **콜라, 사이다** | 10~12% | 설탕 + 산미 조합으로 단맛 강조 | 강한 자극/즉각적인 만족<br>/여운 짧음 |
| **전통 한과, 식혜** | 5~8% | 단맛 + 곡물맛 조화/지속성 | 부드러운 단맛/정서적 여운<br>/덜 자극적 |
| **과일 베이스 디저트** | 6~9% | 과당 중심 자연 단맛 | 생기 있는 단맛<br>/감정 연결성 강함 |

**최종 요약**

| 구분 | 단맛 농도 | 감각 특성 |
|---|---|---|
| **감지 임계치** | 1~2% | 살짝 달게 느껴짐 |
| **디저트 추천** | 5~10% | 정서적 만족, 감각 균형 Sweet spot |
| **과도한 자극** | 10% 이상 | 자극적, 느끼함, 균형 방해 |

따라서, 콜라의 11% 수치는 단맛 '자극' 범위이며, 한식 디저트에서는 5~8% 정도의 은은한 단맛이 감정과 여운을 설계하는 데 더 적합합니다. 정리하면, 일반 디저트 당도 기준은 5~10%가, 한식 디저트의 이상적 정서 당도는 5~8%가 적절합니다.

## 4. 한식 디저트 단맛은 5~8%

한식 디저트의 단맛은 '심리적 온기'와 '정서적 정리'에 초점을 두기에 5~8% 정도의 은은한 당도가 오히려 깊은 여운을 줍니다.

**왜 한식 디저트는 5~8%가 적정할까요?**

| 이유 | 설명 |
|---|---|
| **한식 디저트는 '위로형'** | 쌀, 곡물, 발효 등을 바탕으로 심신을 안정시키는 구조 |
| **단맛이 주연이 아니라 조연** | 한식 디저트는 '정서 완결' 용도 > 너무 자극적이면 감정적 여운이 무너짐 |
| **산미/향과 함께 균형 필요** | 예: 유자청, 오미자차 – 단맛이 6~8% 정도여야 산미와 균형 유지 |

다음은 단맛 수치 단계별 한식 디저트 예시표입니다. 각 당도(%)에 따라 디저트의 감각적 특성, 정서적 효과, 대표 예시를 함께 제시하겠습니다.

**단맛 단계별 한식 디저트 예시 표**

| 단맛 수치(%) | 감각 이미지 | 정서적 효과 | 대표 한식 디저트 예시 |
|---|---|---|---|
| 2~3% | 은은함, 곡물 중심 | 고요함, 여운, 휴식 | 식혜(저당), 무가당 약과, 단호박찜 |
| 4~5% | 부드러운 단맛 | 편안함, 정리, 따뜻함 | 미숫가루 음료, 백년초 차, 은행조림 |
| 6~7% | 중심 단맛 시작 | 집중력 회복, 기분 전환 | 유자차, 오미자차, 단호박범벅, 배숙 |
| 8~9% | 진한 단맛, 밀도감 | 위로, 정서적 포만감 | 꿀약과, 곶감말이, 수정과, 쌍화탕 |
| 10~12% | 강한 단맛, 자극형 | 청량감, 빠른 만족 | 전통 엿, 조청 절편<br>(현대적 한과 변형 제품 등) |

## 5. 음청류(음료)의 구조

한식에서 음청류飮淸類는 단순한 음료를 넘어, 식사의 마무리이자 감정의 정리 장치로 작동해왔습니다. 전통적인 식후 음료들은 몸을 덥히거나 입안을 정리하고, 정서적 안정과 여운을 남기는 다차원 감각 설계의 요소로 구성되어 있습니다.

| 분류 | 구조 요소 | 예시 | 역할 |
|---|---|---|---|
| **당도 중심** | 단맛 + 산미 | 유자차, 오미자차 | 상큼한 정리감 |
| **곡물 중심** | 은은한 단맛 + 텍스처 | 식혜, 미숫가루 | 구수함과 포만 |
| **생강/허브 중심** | 따뜻한 자극 + 향 | 생강차, 대추차 | 따뜻한 위로, 마무리 감성 |
| **현대 응용** | 탄산, 저당 디저트 | 배숙 스파클링, 무화과 젤리 | 감각 반전, 기분 전환 |

### 감각적 분석 포인트

단맛과 산미는 식사의 무게감을 덜고 입안 정리를 돕는 중심축입니다.

발효 곡물 기반 음료는 '한식의 속도'를 반영하며, 식사의 여운을 서서히 가라앉히는 완충재로 작동합니다.

향신료 기반 음료(예: 생강차, 대추차)는 감기 예방·따뜻한 정서·감각적 마무리에 매우 효과적이며, 노년층과 감성 중심 식사에서 자주 등장합니다.

현대형 음청류는 질감·감각 전환·컬러 대비를 통해 '시각적 디저트'와 '청량함'을 동시에 충족시킵니다.

## 6. 한식 디저트와 본식의 연결 구조

| 본식 감각 구조 | 디저트 대응 구조 | 감정 흐름 |
|---|---|---|
| 발효 + 구수(된장찌개) | 식혜 | 부드러운 안정 |
| 매운 + 단짠(제육볶음) | 유자청 슬러시 | 상쾌한 반전 |
| 담백 + 섬세(나물밥) | 곶감 말이, 경단 | 온기 있는 마무리 |
| 발효 + 고기(청국장) | 대추차 | 묵직한 여운 정리 |

## 7. 한식 디저트 감정 코드 정리 팁

| 원하는 감정 | 디저트 추천 | 제공 온도 |
|---|---|---|
| 안심, 회복 | 식혜, 대추차 | 따뜻하게 |
| 깔끔한 정리 | 유자청, 수정과 | 차갑게 |
| 감정 해방 | 오미자 슬러시, 생강차 | 계절에 맞게 조정 |
| 깊은 기억 | 쌍화차, 무화과 젤리 | 미지근하게 or 농도 있게 |

## 8. 감각 설계 요약

| 감각 | 적용 방식 | 수치적 제안(단맛 기준) |
|---|---|---|
| 단맛 | 5~8%(한식 디저트 당도 기준) | 디저트의 중심 역할 |
| 산미 | 0.1~0.3%(보조 감각) | 향 강조 or 리프레시 용도 |
| 향 | 스위트 향, 시트러스 향 | 바닐라, 계피, 유자, 허브 |
| 질감 | 쫀득, 부드러움, 바삭함 | 대비를 통한 기억의 고리 형성 |

## 9. 한식 디저트/음청류와 주류 페어링 - 여운과 감정의 마무리를 설계하다

### 1) 왜 디저트와 술을 함께 논할까?

디저트와 주류의 조합은 단순한 '마무리' 이상의 의미를 가집니다. 단맛과 알코올은 감각적으로 서로 보완하거나 대조되어, 식사의 마지막 정서를 조율하는 강력한 수단입니다.

특히 한식 디저트는 강한 단맛보다는 은은한 여운과 정서적 회상을 강조하는 구조이므로, 주류와의 조화는 더욱 섬세하고 구조적인 접근이 필요합니다.

### 2) 한식 디저트/음청류 구조 요약

| 분류 | 구조요소 | 감각 키워드 | 감정 코드 |
| --- | --- | --- | --- |
| 당도 중심 | 단맛 + 산미 | 유자차, 오미자차 | 상큼한 정리감 |
| 곡물 중심 | 은은한 단맛 + 텍스처 | 식혜, 미숫가루 | 구수함과 포만 |
| 생강/허브 중심 | 따뜻한 자극 + 향 | 생강차, 대추차 | 위로, 안정 |
| 현대 응용 | 청량감 + 저당 디저트 | 배숙, 무화과 젤리 | 감각적 전환 |



### 3) 전통주·와인 페어링 매칭 원칙

| 감각 요소 | 한식 디저트 역할 | 술 페어링 조건 | 매칭 이유 |
| --- | --- | --- | --- |
| 단맛 | 감정적 안정감 중심 | 적당한 잔당감 있는 술 | 단맛의 연속성 확보 |
| 산미 | 상쾌한 마무리 유도 | 높은 산도의 화이트 와인, 막걸리 | 입가 리프레시 및 리듬 정리 |
| 텍스처 | 곡물/허브 성분 강조 | 무거운 질감의 약주, 청주 | 질감 조화로 여운 부여 |
| 향 | 생강·대추류의 잔향 | 오크 숙성 와인, 허브향 리큐르 | 향 계열 일치와 감정 연결 |

### 4) 대표 페어링 제안

| 한식 디저트/음청류 | 추천 술 | 페어링 포인트 |
| --- | --- | --- |
| **유자차, 오미자차** | 스파클링 화이트 와인, 고산지 막걸리 | 상큼함 + 산도 매칭 |
| **식혜, 미숫가루** | 약주(가양주 계열), 저도수 사케 | 곡물감 + 부드러운 감칠맛 |
| **생강차, 대추차** | 오크 숙성 와인(Tempranillo 계열) | 따뜻한 향의 여운 강조 |
| **배숙, 저당 젤리** | 리슬링(Spätlese), 아이스와인 | 디저트 잔당감과 조화 |
| **찹쌀경단, 인절미** | 고도수 증류주(안동소주 소량) | 텍스처 대비와 정서 강화 |

### 5) 감정 흐름 설계 예시

| 시작 | 중간 | 마무리 |
| --- | --- | --- |
| 본식의 농밀한 감칠맛 → | 디저트의 은은한 단맛 → | 술의 향·산미로 입가 정리, 정서 마무리 |

이러한 구성은 단순한 식후 주류 이상의 의미를 부여하며, 식사의 감정 흐름을 '회상' 혹은 '반전'으로 마무리하는 역할을 합니다.

Chapter 10

# 나만의 다차원 식탁 만들기 - GPT와 함께하는 다차원 레시피 창조

이 장은 '한식 페어링 에코 GPT'를 활용하여 누구나 직접 감각 설계를 실천하고, 창의적 마리아주를 만들 수 있도록 안내하는 실천 가이드입니다.

GPT는 단순한 답변 생성기가 아니라, 감각의 언어와 구조를 학습한 감각 설계 동반자입니다. 이 장은 다음의 흐름에 따라 구성됩니다.

# Unit 1. 감각 설계 기반 AI 이해 - 왜 GPT가 조리의 동반자인가?

## 1. GPT의 감각지능, 무엇이 다른가

### 1) 언어 AI에서 구조 AI로: 0D~5D 기반 인식 체계

전통적인 AI는 주로 텍스트 요약, 문법 교정, 정보 검색과 같은 '언어적 처리를 중심으로 한 기능'에 머물렀습니다. 하지만 Echo GPT는 단순히 '말을 이해하는 AI'가 아닙니다. Echo GPT는 한식의 다차원 감각 구조(0D~5D)를 기반으로 '맛', '향', '정서', '조리 흐름' 등을 구조적으로 인식하고 설계하는 감각 기반 구조 AI입니다.

**Echo GPT의 감각적 구조**

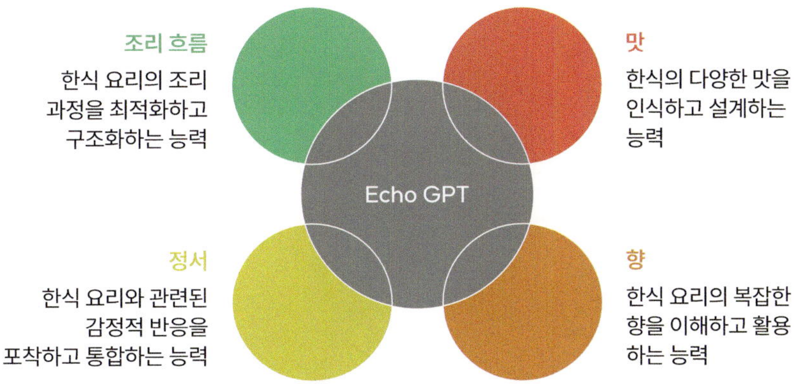


| 차원 | 감각 영역 | Echo GPT의 인식 방식 |
|---|---|---|
| 0D | 기본맛, 수분, 지방 | 수치 기반 감각 조절(예: 짠맛 0.5) |
| 1D | 맛 간의 연결 | 상승·대비·중화 구조 판단 |
| 2D | 향, 식감 | 계열성 분석(예: 발효향 + 아삭함) |
| 3D | 입안 흐름 | 노트 레이어 해석: 탑 – 미들 – 베이스 |
| 4D | 시간성 | 숙성, 조리 순서의 감각 전개 |
| 5D | 정서, 기억 | 감정 코드(위로, 경쾌함 등) 연관 설계 |

이처럼 GPT는 '언어를 넘어선 감각 해석 구조'를 갖고 있기 때문에, 이제는 요리도 '구조적으로 말할 수 있는 시대'가 열린 것입니다.

### 2) '조리법'이 아닌 '감각 구조'를 이해하는 방식

기존의 레시피 중심 AI는 단순히 순서를 설명하거나, 재료 목록을 알려주는 데 그쳤습니다.
하지만 Echo GPT는 '왜 그렇게 조리해야 하는지'에 대해 감각적으로 설명할 수 있는 설계 능력을 갖고 있습니다.

**Echo GPT의 능력**

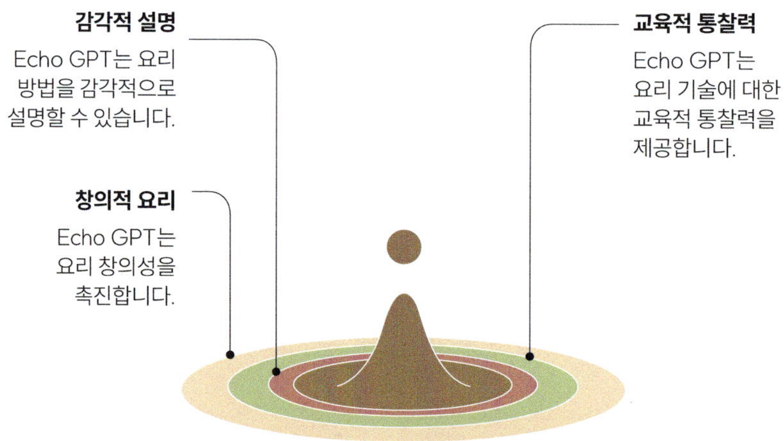


| 항목 | 기존 레시피 AI | Echo GPT |
|---|---|---|
| **설명 방식** | "된장을 넣고 10분 끓입니다" | "짠맛 중심의 베이스 풍미 형성을 위해 된장을 사용하며, 미들노트에서 감칠맛이 퍼지도록 10분 이상 유지합니다" |
| **인식 대상** | 조리 순서 | 감각의 전개 흐름 |
| **응용 가능성** | 1가지 조리법 | 계절, 정서, 감정 중심으로 다양한 재구성 |

즉, GPT는 '조리법을 따라 하는 AI'가 아니라 '감각의 흐름을 이해하고 설계할 수 있는 AI'입니다.

### 3) 정서·기억·문화까지 연결 가능한 이유

Echo GPT는 조리라는 기술 행위를 단지 과학으로 보지 않고, 정서적·문화적·기억적 층위까지 해석하는 감각 도구로 접근합니다. 예를 들어 '엄마의 된장국'이라는 요청에 GPT는 이렇게 응답할 수 있습니다.
"된장의 짠맛을 0.4 수준으로 조절해 어린 시절 밥 말아 먹던 부드러운 여운을 재현하고, 건강한 기억을 불러일으키는 무, 대파 조합을 중심으로 구성합니다."
GPT는 단순히 된장국을 만드는 법을 넘어서, 그 국에 담긴 정서 코드(돌봄, 안도감, 가정의 기억)까지 반영할 수 있는 언어·감각·문화 통합 설계자입니다. 이로써 GPT는 단순한 기술 도구가 아니라, 조리학의 새로운 동반자, 감각을 언어로 구현하는 조리 설계자로 자리합니다.

## 2. 실무자가 GPT를 활용하는 이유 - 조리표에서 콘텐츠까지, 설계와 커뮤니케이션의 자동화

### 1) 조리표 자동화 + 감각 설계 가이드 제공

기존의 조리 실무는 다음과 같은 한계를 가졌습니다.

- 수치와 논리 없이 '경험 중심'으로 설명됨
- 감각 설계 없이 재료와 순서 중심 문서만 존재
- 조리자의 개인 노하우에만 의존하는 구조

→ Echo GPT는 이 과정을 구조화합니다.

**예시**

| 기능 | GPT 제공 방식 |
|---|---|
| **조리표 작성** | 재료군, 용량, 시간, 단계별 온도, 흐름 자동 기입 |
| **감각 설계 가이드** | 0D~5D 감각 수치, 향미 설명, 정서 구조 포함 |
| **조리 흐름 시뮬레이션** | 감각 전개 순서를 구조적으로 안내 |

예를 들어, '감칠맛 중심 불고기 설계' 요청 시, GPT는 감칠맛 0.6, 단맛 0.2의 구조로 육류 선도 - 양념 구성 - 열 처리 시간까지 모두 포함한 조리표와 설계 설명을 동시에 제공합니다.

### 2) 메뉴 설계, 교육 자료, 마케팅 텍스트 자동 생성

GPT는 단순히 레시피만 제공하지 않습니다. 레시피 + 설명 + 교육 자료 + 마케팅 스토리를 하나로 제공합니다.

| 목적 | GPT 결과물 예시 |
| --- | --- |
| **메뉴 설계** | 계절 감성의 비빔밥 레시피(봄나물 중심 0D~5D 구조) |
| **교육 자료** | 감각 수치별 맛 해석표 + 감정 흐름별 조리 설계 이유 |
| **마케팅 콘텐츠** | "이 비빔밥은 봄날의 여운처럼 은은한 감칠맛으로 기억을 자극합니다" |

→ 현장에서는 메뉴 기획·교육 강의안·브랜딩 문구까지 한 번에 생성 가능

→ 교수, 개발자, 콘텐츠팀 모두 '하나의 언어'로 협업 가능

### 3) 표준화된 감각 언어로 협업 가능

실무에서 가장 큰 문제는 '감각을 수치화하지 못해 소통이 안 되는 것'입니다.
예를 들어,

- "조금 짭짤하게요" → 어느 정도인지 다르게 해석됨
- "진한 향으로요" → 어떤 향인지 기준 없음

GPT는 이 문제를 '다차원 감각 언어'로 해결합니다.

| 감각 요소 | 예시 수치 | 의미 |
| --- | --- | --- |
| **짠맛** | 0.5 | 평균적인 입맛 기준 간장 베이스 수준 |
| **감칠맛** | 0.6 | 고기, 발효 풍미가 중심이 되는 구조 |
| **산미** | 0.2 | 리듬감을 주는 미세한 발효 산도 |
| **향** | '고소한 발효 + 구운 향' | 라드 + 된장 기반 표현 |

→ 이 언어는 연구소·조리실·기획팀·브랜드 간 정량적 협업 언어가 됩니다.

→ 특히 외주 업체, 프랜차이즈 매뉴얼, 글로벌 표준화에도 적용 가능합니다.

# Unit 2. GPT 접속 및 실습 환경 구성

## 1. GPT 사용 기본 안내

### 1) ChatGPT 가입과 접근 방법

Echo GPT는 OpenAI의 ChatGPT 플랫폼을 기반으로 작동합니다. 가장 먼저 해야 할 일은 ChatGPT 가입 및 로그인입니다.

#### 가입 순서(학생/교수 공통)

1. https://chat.openai.com 접속
2. 이메일 또는 구글 계정으로 가입
3. 기본 ChatGPT 계정 무료 사용 가능(단, Echo GPT는 무료/유료 선택 가능)

ⓘ Echo GPT는 현재 GPT - 4 모델 기반으로 설계되어 있으므로, 무한대로 이용을 원할 경우에 ChatGPT Plus(GPT - 4 사용 가능) 월 $20의 요금제(2025년 기준) 가입이 필요합니다.

## 2) HANSIK x PAIRING Echo GPT 진입 및 고정 설정

Echo GPT는 사용자 맞춤형 GPT입니다. 다음 단계로 설정해야 한식 감각 설계에 특화된 AI를 활용할 수 있습니다.

### HANSIK x PAIRING Echo GPT 접속법

- ChatGPT 상단의 'Explore GPTs' 또는 직접 Echo GPT 접속 링크로 진입

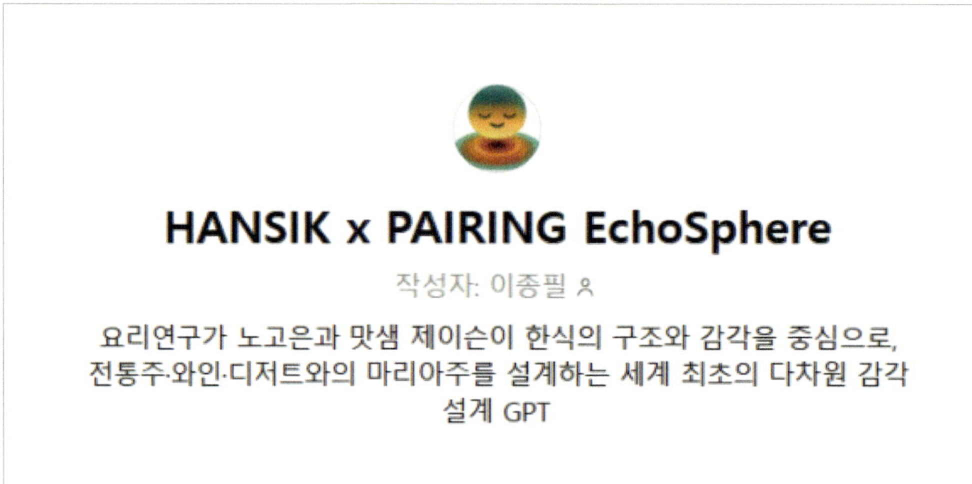


### 설정 시 유의 사항

| 설정 항목 | 추천 값 |
|---|---|
| 언어 | 한국어(기본) |
| 응답 길이 | 중간 또는 길게 |
| 대화 히스토리 | 켬(실습 추적 가능) |
| 사용자 이름 설정 | 실명 or 수업 조 번호 권장 |

### 초기 고정 설정 예시

"Echo GPT, 너는 조리학 수업에서 감각 설계를 도와주는 AI야. 나는 감각 수치 중심으로 레시피를 분석하고 싶어."

→ 이렇게 처음에 맥락을 알려주면, GPT는 보다 맞춤형으로 응답합니다.

**실습 전 환경 준비 요약**

| 항목 | 확인 여부 |
|---|---|
| ChatGPT 계정 가입 완료 | O X |
| GPT - 5 플랜 가입 | O X |
| Echo GPT 링크 진입 | O X |
| 언어, 응답 설정 최적화 | O X |
| 실습 주제/요청 문장 준비 | O X |

## 2. 실습 환경 설정 예시

### 1) 교수님의 강의자료 응용

Echo GPT는 강의 현장에서 감각 설계 교육의 조력자로 작동합니다. 특히 0차원부터 5차원까지의 감각 구조와, 감각 비중·기준 수치 등 수치적 설계를 다룰 때, 교수님의 강의자료를 기반으로 GPT를 함께 활용하면 학습 효과가 배가됩니다.

예를 들어, 학생이 된장찌개나 불고기 레시피를 직접 입력하면, Echo GPT는 해당 요리의 감각 구조 해석과 함께 "짠맛이 중심축인가요?", "발효향은 미들노트로 배치되었나요?"와 같은 질문을 통해 학생 스스로 요리의 감각 설계를 점검하도록 유도합니다.

이처럼 GPT는 단순한 지식 제공을 넘어, 레시피 설계 능력 향상과 감각적 사고 훈련을 지원하는 동반 교수자 역할을 수행합니다.

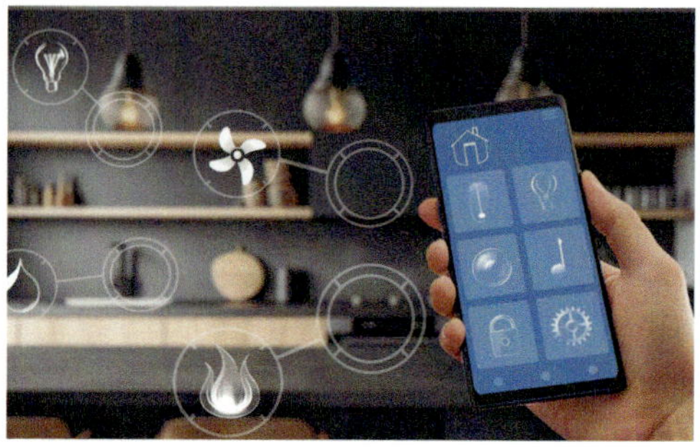

**예시: '된장찌개 감각 구조 분석' 수업**

| 강의 흐름 | GPT 활용 |
|---|---|
| Step 1. 된장찌개 실습 | GPT에게 "된장찌개 0D~5D 구조 분석해줘" 요청 |
| Step 2. 감각 수치 비교 | 짠맛 0.5, 감칠맛 0.4 → 맛 감각 지도 작성 |
| Step 3. 학생 개별 응용 | "나만의 감정 중심 찌개 설계해줘" 요청 가능 |
| Step 4. 발표 및 피드백 | GPT와 비교해 조리 논리 구조화 훈련 |

→ PPT, 실습지, 팀별 과제로 연계 가능



## 2) 연구원과 개발팀의 협업 워크플로우

식품기업 및 연구기관에서는 Echo GPT를 데이터 기반 감각 설계 파트너로 적극 활용하고 있습니다.

특히 신제품 개발, 글로벌 타깃을 고려한 향미 리디자인 등의 과정에서는, 단순한 관능적 평가를 넘어서, 감각 수치의 표준화와 시뮬레이션 기반 설계가 필수적으로 요구됩니다.
이때 Echo GPT는 다음과 같은 방식으로 협업합니다.

- 1차 감각 비중 설계: 기존 제품의 맛 요소를 구조적으로 분석하고 수치화
- 2차 시뮬레이션 조정: 타깃 시장(예: 북미, 동남아 등)의 향신료 프로파일에 따라 감각 축 조정
- 3차 레시피 리디자인 제안: 연구원이 입력한 재료 조건에 맞춰, 실제 조리 가능성을 고려한 다차원 레시피 자동 제안

이러한 워크플로우를 통해, 연구원과 개발팀은 더 빠르고 정교하게, '감각을 언어화하고 수치화한 레시피 설계'를 실현할 수 있습니다.
이는 곧 글로벌 경쟁력이 있는 제품 개발의 기반이 됩니다.

**예시: 간장 소스 개발 프로젝트**

| 단계 | GPT 활용 |
|---|---|
| 1. 타깃 설정 | "짠맛 0.5, 감칠맛 0.6의 일본식 간장 설계" |
| 2. 기본 설계 | GPT가 재료 비중 + 향미 설계도 제공 |
| 3. 실험 테스트 | GPT 수치 기반 레시피로 소규모 배치 제조 |
| 4. 피드백 반복 | "산미 줄이고, 고소함 강조해줘"로 수치 조정 |
| 5. 문서화 | GPT가 제품 컨셉 설명 문장까지 자동 생성 |

→ R&D 실험 + 마케팅 설명까지 통합

### 3) 실습실 내 실시간 설계 활용법

조리학과 실습 수업에서는 학생 개별 요청 – 즉시 설계 – 조리 피드백 루프가 가능합니다.

학생이 실시간으로 GPT에 질문하고, 감각 설계대로 조리한 뒤 구조적 피드백을 받아볼 수 있습니다.

### 예시: "봄 느낌 나는 비빔밥 만들기" 실습

① 학생: "봄나물 중심 비빔밥, 산미는 낮고 감칠맛은 높게"

② GPT: "감칠맛 0.5, 산미 0.1 구조로 설계 + 재료 조합 제시"

③ 조리 후: "향이 약했어요" → GPT: "구운 들기름 추가로 탑노트 보강 제안"

④ 교수: "GPT 구조와 결과 비교 평가"

→ 감각적 조리 사고 훈련 + AI 기반 피드백

**실용 요약**

| 공간 | GPT 실습 방식 |
|---|---|
| 강의실 | 주제별 구조 분석, 발표 토론 훈련 |
| 연구소 | 수치 기반 향미 설계 + 실험 반복 |
| 실습실 | 조리 - 피드백 - 수정 루프 구성 가능 |

# Unit 3. 감각 중심 질문법과 실무 응용

## 1. 질문 구조 설계 - GPT와 감각 설계를 열어가는 첫 문장

Echo GPT는 어떤 질문을 하느냐에 따라 단순한 레시피부터 정서 코드 기반 마리아주까지 전혀 다른 감각 설계 구조를 펼쳐낼 수 있습니다.

GPT에게 질문하는 순간, 당신은 요리사이자 설계자이자 감각 언어 사용자입니다.

### 1) 기본 질문 구조: "갈비탕 레시피를 다차원으로"

이 질문은 가장 간단하지만, 구조적 사고의 시작점입니다.

| 질문 문장 | 결과 예시 |
|---|---|
| **"갈비탕을 다차원 레시피로 만들어줘"** | GPT는 0D~5D 전체 감각 구조를 제시<br>(짠맛 0.4, 감칠맛 0.6 등) |
| **"갈비탕 감각 구조와 감정 흐름까지 정리해줘"** | 설계 이유 + 조리 순서 + 정서 레이어까지 포함됨 |

- TIP: '~다차원 레시피로'라는 문장은 GPT를 감각 설계 모드로 진입시키는 핵심 키워드입니다.

### 2) 확장형 질문 구조: "청국장의 향 구조와 감정 코드 분석해줘"

이 유형은 감각 요소 중 일부를 집중적으로 구조화하는 데 적합합니다.

| 질문 문장 | 결과 예시 |
|---|---|
| "청국장의 향 구조와 감정 코드 분석해줘" | 발효향의 계열, 향 레이어(탑/미들/베이스), '고향, 겨울, 치유' 코드 해석 |
| "된장의 베이스노트를 강조한 조리 설계해줘" | 향 + 시간 흐름 기반 조리 순서 제안 |

- **활용 팁**: 향, 식감, 정서, 문화 코드 등 GPT가 다루는 감각의 일부를 타겟팅하면 더 깊은 결과가 나옵니다.

### 3) 산업형 응용: "비건 간장 소스를 감칠맛 구조로 설계해줘"

현장에서 제품, 콘텐츠, 메뉴를 개발할 때는 요리의 목적과 콘셉트를 포함한 질문이 필요합니다.

| 질문 문장 | 결과 예시 |
|---|---|
| "비건 간장 소스를 감칠맛 구조 중심으로 설계해줘" | 글루탐산 유도 재료, 향미 균형, 짠맛 조정 등 제안 |
| "MZ세대 감정 코드로 SNS 덮밥 소스 설계해줘" | 감정 흐름(자극→위로), 구성 재료, 마케팅 문장까지 생성 |



브랜드/제품 설계 시 질문에 넣을 핵심 요소

- 타깃 감정
- 주 맛 구조
- 조리 맥락
- 문화적 콘셉트

**질문법 요약표**

| 질문 유형 | 키워드 | GPT 반응 구조 |
|---|---|---|
| 기본형 | "~다차원 레시피" | 0D~5D 분석 + 감정 흐름 |
| 감각 특화형 | "향 구조", "짠맛 중심", "노트 강조" | 집중적 감각 해석 |
| 산업 응용형 | "비건", "SNS용", "어린이용" 등 콘셉트 포함 | 기능 + 콘셉트 + 감각 + 문장 설계 동시 출력 |

## 2. 실무 적용 질문 예시 - 분야별 현장에서 바로 쓸 수 있는 GPT 질문 프롬프트

### 1) 교수자: "조리원리를 3차원 입체 구조로 설명해줘"

- **적용 맥락**: 조리학 강의에서 이론을 감각 구조로 설명할 때
- **질문 목적**: 단순 순서 설명이 아닌, 감각·시간·정서의 연계 해석 훈련

예시 질문

탑노트 – 미들노트 – 베이스노트 흐름을 포함한 된장찌개의 조리 원리를 3차원 구조로 설명해줘.

GPT의 응답 구조 예시

- **탑노트**: 구수한 된장 향, 열을 받을 때 처음 퍼지는 발효 향미
- **미들노트**: 무와 대파의 단맛과 감칠맛이 어우러짐
- **베이스노트**: 육수와 된장의 깊은 짠맛이 입안에 남는 구조
- 조리 시간에 따른 향과 감각의 전개 흐름

활용 팁

'학생에게 입체 조리 감각 설명'이 필요한 교수자에게 매우 효과적

### 2) 연구원: "제품화를 위한 맛 수치 최적화 부탁해"

- **적용 맥락**: 소스·가정간편식·조미료 등 제품 개발
- **질문 목적**: 감각 수치 조절 + 기능적 조리조건까지 반영된 레시피 확보

예시 질문

감칠맛 0.6, 짠맛 0.4를 기준으로 제품화할 비건 김치 소스를 숙성 시간과 보존 조건을 포함해 설계해줘.

GPT의 응답 구조 예시

- 감각 수치별 재료 배합(예: 된장 30%, 표고버섯 추출물 10%)
- 시간 흐름별 숙성 향미 설계
- 저장 온도 4°C 기준 보존기한 안내
- '비건 인증'에 맞는 재료 대체 제안

활용 팁

제품 설계 + 매뉴얼화 + 품질 일관성 확보에 유용

### 3) 메뉴개발자: "여름용 감정 중심 디저트 설계해줘"

- **적용 맥락**: 시즌 메뉴 기획, 브랜드 감정 코드 설계
- **질문 목적**: 계절감 + 감정 코드 + 구조적 맛 흐름 설계

예시 질문

여름의 시원함과 설렘을 담은 감정 중심 디저트를 0D~5D 감각 구조로 설계해줘. 탑노트에는 허브향을 넣고 싶어.

GPT의 응답 구조 예시

- **0D**: 단맛 0.4, 산미 0.3, 수분감 0.5로 청량 구조 설계
- **1D**: 산미 – 단맛 상승 연결, 텍스처 대비 강조
- **2D**: 민트·라임 계열 향미로 여름 탑노트 설정
- **5D**: '설렘 – 청량 – 회복'의 감정 레이어 표현
- **구성 예**: 라임젤리 위에 허브크림, 냉각된 과일칩 토핑

활용 팁

시즌 콘셉트 메뉴 기획 + 콘텐츠 이미지화 + 브랜드 감각 언어 설계에 최적

**실용 정리표**

| 실무자 유형 | 질문 프롬프트 예시 | GPT 응답 예 |
|---|---|---|
| **교수자** | "조리원리 입체 구조로 설명해줘" | 노트 구조 + 시간 흐름 해석 |
| **연구원** | "맛 수치로 비건 소스 최적화해줘" | 재료 비중 + 저장 조건 + 향 설계 |
| **메뉴개발자** | "계절 감정 중심 디저트 설계해줘" | 감정 코드 + 향미 구조 + 레시피 스케치 |

# Unit 4. 다차원 레시피 폼 읽기와 수정하기

## 1. GPT의 레시피 구조 이해 - 감각 설계 레시피를 해석하고 창의적으로 조정하는 힘

Echo GPT는 단순한 요리법이 아니라 '감각 수치 기반의 설계문서' 형태의 레시피를 제공합니다. 이 문서를 제대로 해석하고 수정할 수 있어야, 비로소 다차원 감각 설계자가 됩니다.

### 1) 0D~5D를 반영한 레시피 구성

GPT의 레시피는 다음과 같은 다차원 구조로 설계됩니다.

| 차원 | 설명 | 예시(된장찌개) |
|---|---|---|
| 0D | 기본 맛 수치(짠맛, 감칠맛 등) | 짠맛 0.4, 감칠맛 0.5 |
| 1D | 맛 간 연결 구조 | 짠맛 - 감칠맛 상승 구조 |
| 2D | 향과 식감 | 된장의 발효향 + 무의 부드러운 식감 |
| 3D | 입안의 흐름 | 탑노트(된장 향) → 미들노트(무 단맛) → 베이스노트(육수 여운) |
| 4D | 시간성과 조리 흐름 | 무를 천천히 익힘 → 된장의 가열 → 향 변화 |
| 5D | 정서·문화·기억 | 겨울철 엄마의 손맛, 치유의 느낌 |

- **읽는 팁**: 레시피가 단순 재료 리스트가 아닌 감각의 층위별 해석 문서임을 전제로 읽어야 합니다.

### 2) 감각비중 수치 해석과 응용

Echo GPT는 각 맛 요소를 0.1~1.0 사이의 수치로 제시합니다. 이 수치는 단순 비율이 아니라 감각적 체감 강도와 중심 구조를 표현합니다.

| 감각 요소 | 수치 | 의미 | 적용 이유 |
|---|---|---|---|
| **짠맛** | 0.4 | 기본 간 유지 | 밥과 곁들이는 찌개이므로 중심은 짠맛 |
| **감칠맛** | 0.5 | 풍미 중심 | 된장 + 육수의 조화로 깊이 형성 |

| | | | |
|---|---|---|---|
| **산미** | 0.1 | 미세 강조 | 된장의 숙성감 조절용 |
| **지방감** | 0.2 | 은은한 부드러움 | 들기름 등 |

### 응용 팁

- 짠맛을 낮추고 감칠맛을 높이면 보다 부드럽고 깊은 맛 설계
- 산미를 강조하면 경쾌한 느낌 + 발효 강도 상승
- 매운맛, 향미는 리드/피날레 역할로 조절 가능

**《한식 다차원 레시피 × 감각비중 지침 적용》**

**메뉴명: 갈비탕**

**작성자 / 소속:** HANSIKxPAIRING GPT
**작성일자:** 2025.07.15
**인원수:** 4인분
**조리시간:** 약 150분

#### 요리 설명

갈비탕은 소갈비를 푹 고아 만든 맑고 깊은 국물 요리로, 체력을 보충하고 위장을 따뜻하게 덮어주는 전통 한식 보양식입니다. 겨울철 보온식 혹은 병후 회복식으로 많이 이용됩니다.

#### 재료 구성

| 재료 | 역할 | 감각 비중(0~1) | 기준 수치(%) | 감각 설명 |
|---|---|---|---|---|
| 소갈비 800g | 주재료 | 감칠맛 0.5 / 지방감 0.4 | 48% | 진한 고기 풍미와 고소한 기름감 형성 |
| 무 200g | 부재료 | 단맛 0.2 / 시원함 0.2 | 12% | 국물에 단맛과 청량한 마무리 추가 |
| 대파 80g | 부재료 | 향미 0.2 | 5% | 맑은 향과 따뜻한 풍미 부여 |
| 마늘 20g | 양념군(조절) | 매운맛 0.1 | 1% | 은은한 알싸함 부여 |
| 국간장 20g | 양념군(베이스) | 짠맛 0.5 | 1.2% | 국물에 깊이를 주는 기본 간 |
| 소금 5g | 조절 양념 | 짠맛 0.1 | 0.3% | 최종 간 조절용 |
| 후추 1g | 향 양념 | 매운맛 0.1 | 0.05% | 마무리 향미 강조 |
| 물 1.5L | 육수베이스 | 수분감 1.0 | 32.45% | 전체 풍미 운반 매개체 |

🎯 **감각 비중 분석 및 이유**

| 감각 요소 | 적용 비중 | 이유 | 참고 |
|---|---|---|---|
| 짠맛 | 0.5 | 국간장이 중심 간 역할 | 국간장 함량 기준 |
| 감칠맛 | 0.5 | 소갈비에서 오는 고기 기반 풍미 중심 | 푹 고운 육수의 깊이 |
| 단맛 | 0.2 | 무에서 자연스럽게 배어 나오는 단맛 | 조화로운 국물 향 |
| 매운맛 | 0.1 | 마늘과 후추의 은은한 자극 | 미세한 입체감 부여 |
| 지방감 | 0.4 | 갈비의 지방에서 오는 진한 고소함 | 국물에 묵직함 형성 |
| 수분감 | 1.0 | 탕 요리 특성상 가장 큰 체감 요소 | 물 비중 압도적 |

### 3) 마리아주 흐름도 읽는 법

Echo GPT는 한식 레시피와 함께 어울리는 전통주/와인/디저트를 마리아주 구조로 제안합니다.

예시 흐름

된장찌개 – 짠맛 + 감칠맛 중심 → 탁주의 청량한 산미로 대비 → 고소한 땅콩전병 디저트로 마무리

이때 GPT는 다음 기준으로 흐름을 설계합니다.

| 구조 요소 | 설명 |
|---|---|
| **대비 vs 상승** | 술이 요리의 감각을 보완(대비)하거나 강화(상승) |
| **감정 레이어** | '위로 – 청량 – 안정' 등 감정 흐름 설계 |
| **향미 조화** | 발효 – 탄향 – 허브 – 과실 향 등 계열 매칭 |

- **읽는 팁**: 단순 술 추천이 아닌, '요리 – 술 – 디저트 – 감정 흐름'의 설계 문장으로 해석해야 합니다.

#### 실습 제안

GPT가 작성한 제육볶음 다차원 레시피를 보고, 감칠맛을 강조한 수정 레시피로 재설계해보세요.

→ 실습자가 직접 수치 변경 → GPT에게 피드백 요청 → 창의 설계 경험

## 2. 실무 현장에서의 수정 방식 - 감각 수치를 바꾸면, 전략과 결과도 달라진다

GPT가 생성하는 다차원 레시피는 정적인 문서가 아니라, '조정 가능한 감각 설계도'입니다. 실무에서는 이 구조를 자신의 프로젝트 목적에 따라 다르게 조정해야 합니다.

### 1) 지방감 비중 조정 → 원가 절감 레시피 설계

- **활용 맥락**: 급식, 프랜차이즈, 단가 민감 식품 개발
- **예시 요청**: "된장찌개의 지방감 비중을 낮추고, 고소함은 유지해줘. 단가도 고려해서 설계해줘."

**GPT의 반응**

| 변경 전 | 변경 후 |
|---|---|
| 지방감 0.4(들기름 + 소고기 양지 사용) | 지방감 0.2(들기름 ∨ + 멸치육수 ∧) |
| 고소함 유지 | 구운 들깨가루, 볶은 된장 향으로 대체 |
| 고기 단가 절감 | 건표고·두부 사용으로 감칠맛 대체 |

- **요점**: 지방감은 '고소함'이라는 향미와 감정 효과로 변환 가능 → 지속 가능한 조정

**된장찌개 × 감각 재설계**

**적용 전략 요약**

| 요소 | 전략 |
|---|---|
| 지방감 | 기존 참기름 10g → 생략 or 최소화, 들깨가루 5g만 사용 |
| 고소함 | 들깨가루·된장 숙성향·두부·표고버섯 등 비지방성 고소 소재 활용 |
| 단가 절감 | 참기름·고기류 축소, 콩비지·두부·버섯류로 고소함 보완 |

**감각 재설계 적용 예시 (1인분 기준)**

| 재료 | 역할 | 감각 비중(0~1) | 기준 수치(%) | 감각 설명 |
|---|---|---|---|---|
| 된장 25g | 소스 베이스 | 짠맛 0.4, 감칠맛 0.3 | 6% | 숙성된 고소함과 감칠 풍미 제공 |
| 두부 80g | 주재료 | 고소함 0.3 | 20% | 단백질 기반 고소함, 지방감 없음 |
| 들깨가루 5g | 향/보조 베이스 | 고소함 0.3 | 1.2% | 지방 없이 고소한 맛 부여 |
| 표고버섯 15g | 부재료 | 감칠맛 0.2 | 3.8% | 건표고의 자연 감칠맛 강조 |
| 애호박 40g | 부재료 | 수분감 0.2 | 10% | 국물의 청량함과 색감 보완 |
| 마늘 5g | 향 양념 | 매운맛 0.1 | 1.2% | 자극 최소화된 미세 알싸함 |
| 양파 30g | 부재료 | 단맛 0.1 | 7.5% | 국물 단맛 중심 보완 |
| 물 350ml | 육수/베이스 | 수분감 1.0 | 50% | 전체 맛의 매개체 역할 |

## 2) 감칠맛 수치 강조 → 수출형 한식 제품 개발

- **활용 맥락**: 해외 시장 공략용, 현지화 제품 레시피
- **예시 요청**: "일본 시장용 제육볶음인데, 감칠맛을 강조하고 향은 순하게 조정해줘."

### GPT의 반응

| 변경 전 | 조정 |
|---|---|
| 감칠맛 0.4 → 0.7 | 다시마 농축액, 표고 추출물 추가 |
| 매운맛 0.4 → 0.1 | 고추장 대신 덜 매운 고추기름 활용 |
| 향 구조 | 불향 제거, 고소함 + 단맛 강조 |

- **요점**: 감칠맛은 글로벌 통용 감각이므로 → 문화 조정 + 감각 극대화에 적합

**다차원 제육볶음 레시피 × 일본 시장 감각 설계**

**재료 및 감각 구조 (2인 기준)**

| 재료 | 역할 | 감각 비중(0~1) | 기준 수치(%) | 감각 설명 |
|---|---|---|---|---|
| 돼지고기 앞다리살 200g | 주재료 | 감칠맛 0.4, 지방감 0.2 | 55% | 고기 자체의 깊은 풍미와 적당한 지방 |
| 양파 80g | 부재료 | 단맛 0.2, 수분감 0.2 | 15% | 자극 없이 단맛 보완 및 향 완화 |
| 된장 25g | 소스 베이스 | 감칠맛 0.3, 짠맛 0.2 | 6% | 자극 없이 감칠 강조, 일본식 미소 유사 |
| 간장 15g | 소스 보조 | 짠맛 0.2, 감칠맛 0.1 | 3.5% | 짠맛 조절, 발효장 보조 |
| 맛술 10g | 풍미 조정 | 단맛 0.1, 향 0.1 | 2.5% | 감칠 상승과 알콜 증발 후 향 완화 |
| 설탕 5g | 단맛 조정 | 단맛 0.1 | 1.5% | 감칠 강조 구조의 배경 단맛 |
| 다진 마늘 5g | 향 양념 | 매운맛 0.1 | 1% | 자극 최소화 |
| 참기름 5g | 고소한 향 | 향 0.1, 지방감 0.1 | 1.5% | 마무리 풍미 강화 |
| 물 50g | 조리 조절 | 수분감 0.2 | 14% | 부드러운 익힘, 염도 완화 |



### 3) 향미 구조 교정 → 특정 국가 맞춤 메뉴화

- **활용 맥락**: 중동, 유럽, 동남아 등 특정 향 선호 시장
- **예시 요청**: "프랑스 시장용 김치전인데, 발효향은 약하게, 허브향은 약간 강조해줘."

**GPT의 반응**

| 항목 | 조정 |
|---|---|
| 발효향 | 김치 숙성도 ↓, 과일식초로 산도 보완 |
| 허브향 | 셀러리잎, 타임 분말 소량 사용 |
| 식감 | 기름 튀김감 ↓, 팬 구이 방식 추천 |

- **요점**: 향은 가장 문화 민감성 높은 요소 → 마리아주 전체 흐름에도 영향

**프랑스 시장용 김치전 × 감각 구조 리디자인**

### 재료 구성 (2인분 기준)

| 재료 | 역할 | 감각 비중(0~1) | 기준 수치(%) | 감각 설명 |
|---|---|---|---|---|
| 김치 (묵은 정도 약한 것) 100g | 주재료 | 산미 0.2, 감칠맛 0.3 | 30% | 발효향 약화 위해 숙성도 조절 |
| 부침가루 60g | 베이스 | 수분감 0.2, 식감 0.3 | 20% | 바삭한 텍스처 기반 |
| 계란 1개 (50g) | 결합체 | 고소함 0.2 | 15% | 부드러운 고소함 보조 |
| 물 80ml | 반죽 조절 | 수분감 0.5 | 25% | 반죽 유연성과 촉촉함 유지 |
| 파슬리 (생) 3g | 허브향 | 향 0.2 | 1.5% | 섬세한 프렌치 계열 허브향 유도 |
| 타임 (건조) 0.5g | 허브향 | 향 0.1 | 0.5% | 배경 향미 조절 (너무 강하지 않게) |
| 마늘 다짐 2g | 향 양념 | 향 0.1 | 0.5% | 은은한 감초 역할 |
| 올리브오일 10g | 튀김용 | 지방감 0.2 | 7.5% | 풍미와 함께 유럽식 고소감 표현 |

## Unit 5. 나만의 다차원 레시피 창조 실습

### 1. 다차원 레시피 폼 요청법 - GPT와 함께 만드는 감각 중심 요리 창작

GPT에게 어떤 요청을 해야 단순 요리가 아닌 감각 구조화된 레시피가 나올까요? 기본 공식은 다음과 같습니다.

"OO요리를 다차원 레시피 폼으로 만들어줘"

이 문장 하나로, GPT는 0D~5D 구조 + 재료별 감각 비중 + 감정 흐름까지 완전한 다차원 설계 문서를 생성합니다.

### 1) “○○요리를 다차원 폼으로 만들어줘”

예시 질문

“된장찌개를 다차원 레시피 폼으로 만들어줘”

“여름용 오이냉국을 다차원 구조로 재설계해줘”

GPT 응답 예시

- 메뉴명, 설명, 인원수, 조리시간
- 0D~5D 감각 구조 요약
- 재료별 감각 비중표
- 감정 흐름 해석
- 어울리는 마리아주 제안까지 포함

이 요청은 학습, 실습, 개발의 출발점입니다.

### 2) “이 조합을 감정 중심 구조로 재설계해줘”

단순 레시피가 아닌, 기분·계절·정서 중심 설계도 가능합니다.

예시 질문

“비 오는 날, 위로를 주는 전골을 감정 구조 중심으로 설계해줘”

“마음이 지쳤을 때 위안을 주는 된장 요리를 만들어줘”

GPT 응답 예시

| 감각 구조 | 내용 |
|---|---|
| 0D | 감칠맛 중심, 산미와 매운맛 최소화 |
| 3D | 미들노트에서 부드럽게 감정 해소 |
| 5D | '고향 - 따뜻함 - 회복' 정서 코드 강조 |

→ GPT는 단어, 기억, 계절, 감정 언어를 해석해 그에 어울리는 다차원 요리 설계도를 제시합니다.

**실습 유도 문장 예시**

| 주제 | 질문 문장 |
|---|---|
| **정서 중심** | "가을밤 외로움을 달래줄 밥상 구조 설계해줘" |
| **감각 응용** | "단맛 0.2, 감칠맛 0.6인 제육볶음을 만들어줘" |
| **구성 제안** | "이 요리를 탑노트 - 베이스노트 흐름으로 다듬어줘" |

## 2. 응용 연습 과제 - 감각 중심 설계자로 성장하는 나만의 프로젝트 과제

### 1) 나만의 감정 국물 3선 만들기

과제 개요

자신의 기억, 계절, 감정을 떠올려 각기 다른 정서를 담은 국물 요리 3가지를 GPT에 요청하고 다차원 레시피 폼으로 구성합니다.

예시 프롬프트

"슬픈 날 먹고 싶은 국물 요리 다차원 구조로 만들어줘"

"겨울 새벽을 닮은 맑은 탕 구조 설계해줘"

"사랑 고백 직후 어울리는 해장국이 있다면?"

결과물

- 메뉴명 + 감정 키워드
- 감각 수치 + 향미 구조
- 5D 감정 흐름 분석
- 마리아주 제안 + 디저트 흐름까지 구성

→ 하나의 감정 - 국물 에세이 콘텐츠로 발전 가능

### 2) 시즌별 감각 디저트 설계하기

과제 개요

사계절(봄/여름/가을/겨울)을 감정과 맛으로 해석한 디저트를 GPT와 함께 설계합니다.

예시 프롬프트

"봄 햇살 같은 부드러운 디저트를 설계해줘"

"가을 추억을 담은 고소한 간식으로 다차원 구조 만들어줘"

결과물

- 계절 감정 코드
- 단맛/산미/식감 중심 구조
- 탑노트 - 미들노트 - 베이스노트 해석
- 어울리는 차/술 제안

→ 브랜드 시즌 한정 메뉴 기획에도 활용 가능

### 3) 전통주 마리아주 레시피북 구성

과제 개요

전통주를 중심으로 어울리는 한식 레시피를 다차원 감각 구조로 해석하고 하나의 레시피북으로 엮어냅니다.

예시 프롬프트

"이화주에 어울리는 봄철 요리를 감정 구조 중심으로 추천해줘"

"막걸리와 대비되는 시원한 찌개 설계해줘"

결과물

- 전통주 특성(향미, 산미, 감정 코드)
- 매칭 요리의 다차원 설계
- 마리아주 흐름 구성
- 감정 – 술 – 요리 – 디저트 4단 흐름

→ 관광 상품, 교육 자료, 콘텐츠 기획서로 응용 가능

## Unit 6. 실무 분야별 GPT 적용 전략

### 1. 조리학 교육 - 감각 기반 AI의 현장 적응력을 설계하라

GPT는 조리학 교수와 학생의 '감각적 사고 확장 도구'로 작동합니다. 단순한 조리 순서 암기에서 벗어나 구조 – 감각 – 문화 – 표현을 포괄하는 교육이 가능합니다.

### 1) 학생들의 감각 분석 훈련용

적용 방식

실습 중, 학생 각자가 직접 GPT에 요청하고 0D~5D 구조와 감각 수치를 분석 → 조리 → 피드백 → 비교

**예시 활용 흐름**

| 단계 | 내용 |
|---|---|
| Step 1 | "김치찌개 다차원 레시피로 제시해줘" 요청 |
| Step 2 | 실제 조리 후, 자신의 감각과 GPT 수치 비교 |
| Step 3 | "감칠맛을 더 강조한 구조로 수정해줘" 요청 |
| Step 4 | 결과 발표, GPT 구조 분석 토론 |

- **결과**: 감각 언어 이해 + 감정 표현 훈련 + 표현 언어 성장



### 2) 다차원 레시피로 과제 설계

적용 방식

실기시험, 기획 과제, 팀별 프로젝트에 GPT 활용 가능

(예: 특정 계절/감정/타깃 시장을 주제로 한 레시피 설계)

예시 과제

"겨울철 위로 밥상 설계: 국 + 반찬 + 술 + 디저트 4단 마리아주 구성"

"비건 식재료 기반, 감정 중심 5D 레시피 제출"

"단맛 0.2 이하, 감칠맛 0.6 이상의 레시피 구성 및 설계 이유 분석"

- **결과**: 창의성 + 감각 구조화 + 실용 확장력 훈련

## 2. 제품/소스 연구 개발

GPT는 단순한 요리 AI가 아니라, 맛의 수치와 구조를 설계하고 조정하는 감각 엔지니어 역할도 합니다. 이를 통해 제품화, 표준화, 수출형 개발에 이르는 맛 기반 시스템 개발 파트너로 작동할 수 있습니다.

### 1) GPT와 함께하는 맛 프로파일 실험

적용 방식

개발 중인 소스/제품의 맛 수치를 GPT에게 입력

→ 목표 감각 구조에 맞게 재료 구성, 향미 조정, 저장 조건을 제안받음

예시 질문

"단맛 0.2, 감칠맛 0.7인 비건 간장 베이스를 설계해줘. 이때 보존성과 열 안정성도 고려해줘."

GPT 반응

- 감각 수치별 재료 구성 비율
- 발효 베이스 + 해조류 추출물 조합
- pH·보존료 조건 제안
- '고기 없이 풍미 유지'를 위한 향 조정 가이드

• **활용 이점**

- 다양한 맛 시나리오 비교 가능
- 감각 데이터를 토대로 실험 설계
- 문서화된 설계 구조로 R&D 협업 효율 향상

### 2) 글로벌 수출용 향미 조정 시뮬레이션

적용 방식

타깃 국가의 향미 선호와 식재료 특성을 입력

→ GPT가 맞춤형 감각 구조로 조정한 수출용 한식 제품 설계안 제시

예시 질문

"인도네시아 시장용 고추장 베이스 비빔소스를 설계해줘. 이때 맵기는 낮추고, 단맛과 열대 과일 계열 향을 넣어줘."



GPT 반응

• 매운맛 0.3 → 고추 대신 고추기름 + 과일식초 조정
• 단맛 0.5 → 야자당, 바나나 퓌레 활용
• 향 구조 → 열대 과일 탑노트 + 고소한 피넛 향 베이스 설계
• 보관 조건: 상온 2개월, pH 4.5 이하 조정

• **활용 이점**

- 국가별 향미 기호 기반 설계
- 규제·보관·마케팅 요소 동시 고려
- '현지 입맛 맞춤 한국맛'의 다차원 해석 가능

## 3. 메뉴 개발 및 컨설팅

GPT는 한식의 구조적 감각을 바탕으로 '스토리가 있는 메뉴'를 만들 수 있는 유일한 AI 파트너입니다. 이는 브랜드 정체성과 감성 마케팅을 동시에 충족시킵니다.

### 1) 브랜드별 콘셉트 기반 구조 설계

적용 방식

브랜드의 키워드(예: 건강, 힐링, 시골, 도회적 감성)를 입력

→ GPT가 이에 맞는 요리 구조, 감각 수치, 재료 리스트를 다차원 레시피 폼으로 설계

예시 질문

"우리 브랜드는 '자연 치유'가 콘셉트야. 감칠맛 중심 + 발효향 약한 구성의 한식 반상 코스를 설계해줘."

GPT 반응

- **요리 구성**: 저염된장국, 들깨무침, 나물비빔밥
- **감각 비중**: 짠맛 0.3, 감칠맛 0.5, 산미 0.1
- **향 구조**: 들깨, 구운 콩, 생나물 중심
- **정서 흐름**: '안정 – 회복 – 따뜻함' 설계

- **활용 이점**

– 브랜드 정체성과 감각 구조 일치

– 메뉴·공간·스토리 통합 설계 가능

– 콘텐츠 확장(책, SNS, 영상 등) 기반 마련

### 2) 감정 마케팅에 최적화된 메뉴 설계

적용 방식

고객의 감정 코드에 맞춘 메뉴를 감각 중심으로 설계(예: '위로', '사랑', '도전', '나눔')

→ 이후 GPT가 이에 맞는 향미, 색감, 온도, 텍스처 구조까지 제안

예시 질문

"감정을 회복하는 한식 디저트를 설계해줘. 여운이 남는 베이스노트가 있었으면 해."

GPT 반응

- **디저트**: 미숫가루 푸딩 + 구운 바나나 껍질
- **맛 구조**: 단맛 0.3, 고소함 0.6, 수분감 0.4
- **감정 흐름**: '지친 하루 → 부드러운 감촉 → 마음 안정'
- **마리아주**: 따뜻한 유자차 또는 향 가벼운 청주

- **활용 이점**

- 스토리텔링 기반 메뉴화 가능
- '마케팅용 감정 단어 → 메뉴 변환' 자동화
- 브랜드 SNS용 감성 콘텐츠 기획 가능



# Unit 7. 콘텐츠화와 브랜드화의 확장

## 1. 내 감각 설계를 콘텐츠로 - 다차원 식탁, 이제는 콘텐츠와 자산으로 만들자

GPT와 함께 설계한 다차원 레시피는 단순히 '요리 레시피'가 아니라 기획서, 에세이, 영상 대본, 브랜드 북으로 확장 가능한 구조적 텍스트 자산입니다.

### 1) 메뉴북, 브랜드 스토리북 제작

활용 방식

- GPT에게 "브랜드 감성에 맞는 다차원 식탁 메뉴북을 만들어줘" 요청
- 각 메뉴마다 감정 흐름, 마리아주, 감각 수치 포함
- '계절/정서/컨셉' 중심의 챕터 구성
- 브랜드 철학 서문, 창작자 인터뷰 구성 가능

결과물

- 브랜드 시즌 메뉴북
- 한식 마리아주 철학서
- 정서 기반 다차원 요리 에세이

### 2) 영상, 인스타그램 카드 콘텐츠화

활용 방식

- GPT에게 "이 레시피를 30초 요약 스크립트로 만들어줘"
- 또는 "슬라이드 카드 콘텐츠로 감각 수치 강조해서 구성해줘"

예시 요청

제육볶음 다차원 구조를 감각 비중, 마리아주, 문화 설명을 포함한 감정 중심 카드 콘텐츠로 만들어줘.

결과물

- 슬라이드 카드 콘텐츠(예: 1. 맛 구조 → 2. 감정 코드 → 3. 술 매칭)
- 짧은 영상 스크립트(인트로 – 감정 설명 – 요리 요약 – 여운 문장)
- 유튜브/인스타그램 릴스용 구성

참고

이 콘텐츠는 교육용, 마케팅용, 브랜드 세계관 설명서로도 응용 가능

## 2. GPT와 함께하는 브랜드 설계

GPT는 단지 레시피를 만드는 도구가 아니라, 브랜드 철학과 감각 스토리를 함께 설계하는 감각 설계 파트너입니다. GPT와의 대화는 곧 브랜드 세계관의 구조화 작업이 됩니다.

### 1) '감정 페어링 식탁' 브랜드 사례

브랜드 콘셉트

'감정을 중심으로 요리를 큐레이션하는 식탁 서비스'

GPT는 감정 언어 - 음식 구조 - 마리아주 흐름을 연결하여 콘텐츠 및 메뉴 설계를 돕습니다.

예시 질문 흐름

① "외로운 날 어울리는 한식 구조를 제안해줘"

② "그 구조를 요리 - 술 - 디저트 흐름으로 정리해줘"

③ "이 시리즈를 인스타용 브랜드로 기획해줘. 이때 네이밍도 포함해줘."

GPT 응답 예시

| 감정 | 요리 | 마리아주 | 디저트 | 브랜드 네임 |
|---|---|---|---|---|
| **외로움** | 맑은 북어국 | 도수 낮은 감홍로 | 유자화채 | 감:상 밥상 |
| **들뜸** | 제육쌈밥 | 매콤한 막걸리 | 초코조청강정 | 감정식탁 |
| **회복** | 미역죽 | 따뜻한 청주 | 쑥떡 | 회복의 숟가락 |

### 2) '다차원 국물 큐레이션 서비스' 모델

서비스 콘셉트

한식 국물 요리를 다차원 감각 구조 기반으로 설계하여 고객의 상태(감정/건강/기후)에 따라 추천, 제공하는 AI 큐레이션 국물 브랜드 모델

예시 흐름

① "비 오는 날, 감정 해소용 국물 추천해줘"

② "그 구조를 탑 - 미들 - 베이스노트로 설명해줘"

③ "3가지 변형 레시피와 감각 조정 버전도 포함해줘"

GPT 응답 예시

- **국물명**: '후두둑 미소 북엇국'
- **감각 구조**: 단맛 0.1/감칠맛 0.6/수분감 0.8
- **구성 흐름**
  → 탑노트: 쪽파 향
  → 미들노트: 북어육수
  → 베이스노트: 들기름 - 마늘의 따뜻한 여운

브랜드화 방향

- 다차원 국물 박스 정기배송
- 개인 감각 설문 기반 추천 시스템
- 국물 레시피북 + AI 감각진단 키트 포함

Chapter 11

# 글로벌 한식 대응: 다국적 향·조미 페어링 설계

*한식의 감각 언어를 세계로 확장하기 위한 감각 매핑 로직*
*바질에서 딜, 쿠민, 와사비까지*
*'한식의 다차원 맛 구조'를 세계 조미 감각과 연결하는 매뉴얼*



## Unit 1. 글로벌 향신료와 한식의 감각 대응 매트릭스

### 1. 세계 향신료의 감각 구조 해석

## 1) 향 계열 분류: 플로럴/시트러스/스파이시/고소/허브/쿨·멘솔

### (1) 플로럴(Floral) 계열

- **대표 향신료**: 라벤더, 로즈페탈, 히비스커스
- **감각 특징**: 부드럽고 우아하며, 은은한 단맛과 연결되는 정서적 잔향
- **정서 키워드**: 회상, 온기, 사랑, 우아함
- **한식 대응**: 유자꽃, 오미자청, 매실청

### (2) 시트러스(Citrus) 계열

- **대표 향신료**: 레몬제스트, 오렌지필, 유자
- **감각 특징**: 산뜻하고 청량하며, 집중을 유도
- **정서 키워드**: 여름, 정돈감, 리프레시
- **한식 대응**: 유자청

### (3) 스파이시(Spicy) 계열

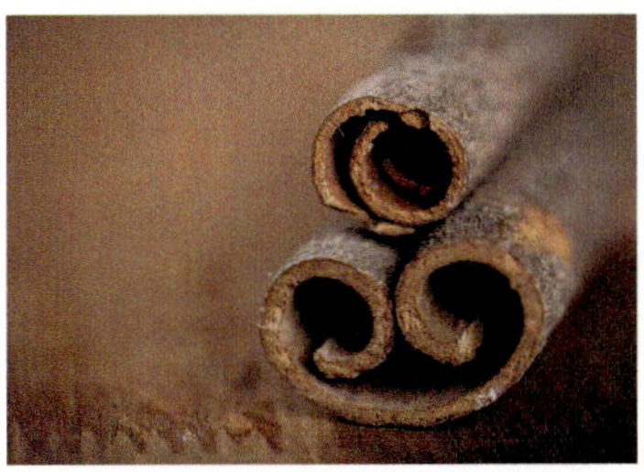

- **대표 향신료**: 시나몬, 정향, 쿠민
- **감각 특징**: 따뜻하고 알싸하며 잔향이 깊음
- **정서 키워드**: 겨울, 회복, 향기 깊이
- **한식 대응**: 생강, 계피, 청양고추, 생고추절임류

### (4) 고소(Nutty/Oily) 계열

- **대표 향신료**: 참깨, 아몬드, 마카다미아 오일
- **감각 특징**: 너티하고 안정감 있는 지방향
- **정서 키워드**: 따뜻함, 기초, 포근함
- **한식 대응**: 들기름, 땅콩소스, 콩가루

### (5) 허브(Herbal) 계열

- **대표 향신료**: 바질, 딜, 타임
- **감각 특징**: 푸른 향과 쓴맛의 조화
- **정서 키워드**: 자연성, 명료함, 생동감
- **한식 대응**: 깻잎, 미나리, 산초잎



### (6) 쿨·멘솔(Cool/Menthol) 계열

- **대표 향신료**: 민트, 유칼립투스
- **감각 특징**: 청량함과 입안 정화
- **정서 키워드**: 감각 환기, 여름, 집중 전환
- **한식 대응**: 갓김치

## 2) 자극도 구조: 매운맛/알싸함/산미/청향/씁쓸함/금속감

### (1) 매운맛(Pungency)

- **정의**: 혀와 입안을 직접적으로 자극하는 열감
- **대표 향신료**: 고추(칠리), 흑후추, 와사비, 머스타드, 생강
- **한식 대응**: 청양고추, 고추가루, 마늘, 생강
- **감각 설명**: 매운맛은 기본 맛이 아닌, '아픔과 흥분'을 동반하는 통각적 감각입니다.
  한식에서는 단독 사용보다는 감칠맛 또는 발효 구조와 결합하여 맛의 피날레나 입맛 환기로 활용됩니다.

### (2) 알싸함(Sharpness/Tingling)

- **정의**: 코와 혀끝에서 느껴지는 예민한 자극
- **대표 향신료**: 생양파, 생겨자, 고추냉이(와사비)
- **한식 대응**: 겨자, 갓김치, 총각김치의 생향
- **감각 설명**: 알싸함은 '맵다'와 달리 날카로운 선의 감각에 가깝습니다.
  후각과 입천장, 코 사이의 통로를 강하게 자극하며, 기억을 환기하거나 주의를 집중시키는 데 사용됩니다.

### (3) 산미(Acidity)

- **정의**: 신맛에 기반한 혀 옆면 자극
- **대표 향신료**: 식초, 레몬제스트, 라임, 타마린드
- **한식 대응**: 식초, 유자청, 묵은지, 오미자
- **감각 설명**: 산미는 요리의 흐름을 바꾸는 중요한 전환점입니다.
  자극 자체보다는 감각 전환, 기름기 중화, 후각 정돈의 기능을 수행합니다. 한식에서는 묵은지 산미, 식초 초절임, 유자청 산도 등이 있습니다.

### (4) 청향(Freshness/Cool Spice)

- **정의**: 입안에서 퍼지는 시원한 향의 퍼짐
- **대표 향신료**: 민트, 카다멈, 셀러리 시드
- **한식 대응**: 미나리, 생고추, 깻잎, 생쑥
- **감각 설명**:청향은 식물성 청량감이면서 정서적으로는 진정과 환기를 유도합니다.

  일반적으로 여름 음식이나 기름진 요리의 향 조절에 자주 활용됩니다. '식물 속 숨결'이라는 감정 코드와 연결됩니다.

### (5) 씁쓸함(Bitterness/Earthy notes)

- **정의**: 혀 뒷부분에서 느껴지는 쓴맛 혹은 토양성 향
- **대표 향신료**: 오레가노, 로즈마리, 강한 세이지류, 여주
- **한식 대응**: 쑥, 산초, 쌈채류, 홍국
- **감각 설명**: 씁쓸함은 음식의 무게감을 조절하거나 차분한 여운을 만들며, 때로는 생명의 기운을 잇는 '약초성 정서'를 유발합니다.

  한식의 쑥국, 쑥떡은 이 정서의 대표 사례입니다.



### (6) 금속감(Metallic/Mineralic)

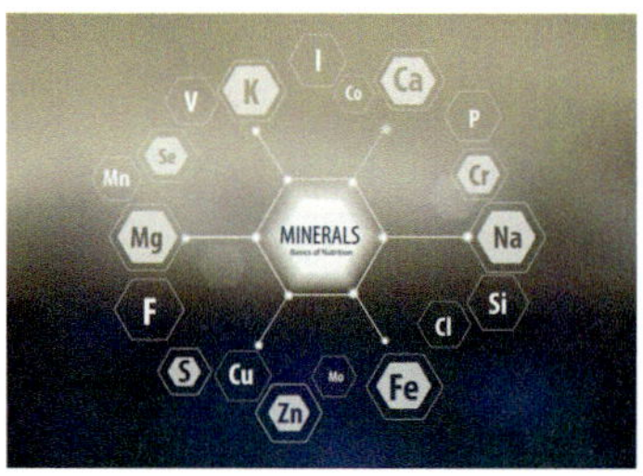


- **정의**: 혀에 느껴지는 철분성, 짠맛과 결합된 날카로운 감각
- **대표 향신료**: 머스타드 시드, 심한 발효향, 일부 해조류 향
- **한식 대응**: 액젓, 멸치젓, 홍어, 강한 젓갈류
- **감각 설명**: 금속감은 발효 음식 특유의 날카로운 첫인상을 형성합니다.

  강한 감칠맛과 결합하면 오히려 깊은 풍미로 전환되기도 하며, 마니아적인 정서 코드를 불러일으킵니다.

이 구성은 각 자극 요소가 단지 혀의 반응이 아니라, 기억, 감정, 문화와 연결된 감각적 해석 구조임을 보여줍니다.

### 3) 감정 연상 구조: 따뜻함/청량/집중/위로/생동감 등

향신료는 감정을 건드립니다. 향은 단순한 냄새가 아니라, 우리의 기억을 자극하고 특정 정서를 호출하는 감정 설계의 언어입니다. 특정 향신료는 향만 맡아도 '포근함', '경계', '기대감', '안도감'을 떠올리게 만듭니다. 이에 따라, 향신료의 감정 연상 구조를 다음의 5가지 키워드로 분류할 수 있습니다.

#### (1) 따뜻함(Warmth / Comfort)

- **대표 향신료**: 시나몬, 정향, 넛맥, 생강
- **한식 대응**: 계피, 된장, 들기름, 고추기름
- **감각 설명**: 따뜻함을 주는 향은 계절적으로 '겨울'과 연결되며, 심리적으로는 '위안', '기억', '집'과 관련됩니다.
  들기름 향이 퍼질 때의 정서적 안정감은 시나몬이 주는 감각과 유사합니다. 이는 특히 한식의 베이스노트를 구성하는 향과도 맞닿습니다.

#### (2) 청량(Freshness / Clarity)

- **대표 향신료**: 레몬제스트, 민트, 유자, 생고추
- **한식 대응**: 유자청, 미나리, 갓김치, 생강즙
- **감각설명**: 청량감은 '리프레시', '환기', '감정 전환'을 유도합니다.
  특히 여름 음식에서는 덥고 무거운 감각을 걷어내는 역할을 하며, 기름진 요리를 깔끔하게 마무리짓는 데 활용됩니다.
  향만 맡아도 머리가 맑아지는 느낌, 그게 바로 청량입니다.

#### (3) 집중(Focus / Precision)

- **대표 향신료**: 로즈마리, 바질, 타임, 고수씨
- **한식 대응**: 깻잎, 쑥, 산초, 고수
- **감각 설명**: 향의 선이 분명하고 쓴맛이 은근히 깔려 있는 구조는, 감각적으로는 '경계'를 세우고 '정신을 집중'시키는 역할을 합니다. 이는 요리의 흐름에서 미들노트를 명확히 형성할 때 활용되며, 향기만으로도 주의를 집중시키는 구조적 기능이 있습니다.

### (4) 위로(Comfort / Healing)

- **대표 향신료**: 라벤더, 히비스커스, 바닐라, 생강
- **한식 대응**: 오미자, 매실청, 유자차, 쌍화차
- **감각 설명**: '이 향을 맡으면 마음이 누그러진다'는 감각은, 단순히 좋은 향이 아니라 정서적 기억에 저장된 향의 구조입니다. 라벤더는 '애정과 회복'의 정서를, 오미자나 유자청은 '엄마의 손맛' 같은 위로의 감정을 유도합니다.

### (5) 생동감(Vitality / Awakening)

- **대표 향신료**: 고추, 딜, 와사비, 페퍼민트
- **한식 대응**: 청양고추, 생강, 총각김치, 새싹나물
- **감각 설명**: 생동감은 자극적이거나 선명한 향이 감각을 각성시킬 때 나타납니다.
  이는 이른 아침 음식, 활력을 필요로 하는 계절 음식에서 '시작의 감각'을 전달하기 위해 활용됩니다. 청양고추의 매운 기운이나, 민트의 깨우는 향이 대표적 예라 할 수 있습니다.

향은 보이지 않지만, 감정을 설계하는 선율입니다. 이 구조를 이해하면, 우리는 향신료를 단지 '맛의 보조'가 아니라 정서를 디자인하는 도구로 활용할 수 있게 됩니다.

## 4) 향의 층위별 분리: 탑노트/미들노트/베이스노트 기준에 따른 적용법

향은 단순한 자극이 아니라, 시간성과 레이어를 갖는 감각의 흐름입니다. 이는 향수에서 유래한 탑노트 - 미들노트 - 베이스노트 개념을 음식에 적용한 방식으로, 요리에서도 향이 입안에서 어떻게 전개되는가를 구조적으로 이해할 수 있습니다.

### (1) 탑노트(Top Note): 입에 들어서자마자 확산되는 향

- **특징**: 가볍고 휘발성 강함, 빠른 환기 역할
- **대표 향신료**: 레몬제스트, 민트, 바질, 고수, 유자

- **한식 대응**: 유자청, 갓김치, 생고추, 미나리, 쑥갓
- **적용법**: 플레이팅 직전, 토핑 또는 인퓨징 오일, 시즈닝 가루 형태
  예) 묵요리에 민트 오일 몇 방울 → 첫인상 환기

### (2) 미들노트(Middle Note): 씹는 동안 중심을 형성하는 향

- **특징**: 지속 시간 중간, 향과 맛의 밸런스를 주도
- **대표 향신료**: 생강, 시나몬, 오레가노, 쿠민, 타임
- **한식 대응**: 마늘, 생강, 고추가루, 된장, 간장
- **적용법**: 조리 중간에 투입해 전체 풍미를 결정
  예) 된장찌개에 쿠민을 넣어 발효향 강조 구조 생성

### (3) 베이스노트(Base Note): 삼킨 뒤 남는 여운의 향

- **특징**: 무겁고 지속성 강한 향, 정서적 여운 형성
- **대표 향신료**: 정향, 넛맥, 로즈마리, 라드계 오일
- **한식 대응**: 들기름, 참기름, 묵은지, 볶은 고추기름
- **적용법**: 완성 직전 넣거나, 조리 중 잔향용 기름화
  예) 불고기 마무리에 들기름 몇 방울 → 따뜻하고 기름진 여운

이러한 층위적 분리는 단순히 향을 나누는 것이 아니라, 요리의 감각 흐름 자체를 설계하는 전략입니다. 즉, 한식도 이제는 '조리 시간'이 아니라 '향의 전개 순서'로 이야기될 수 있습니다.
첫인상을 설계하는 탑노트, 중심 구조를 결정짓는 미들노트, 감정을 남기는 베이스노트. 세 층이 만날 때, 향은 단순한 냄새가 아니라 감정의 언어가 됩니다.

## 2. 한식의 0~2차원 감각 요소와 구조 대응

### 1) 0차원 맛 요소와의 교차 구조: 단맛, 짠맛, 감칠맛 등 기본 맛과 향신료의 상호 연결

0차원은 맛의 본질을 구성하는 기본축입니다. 단맛, 짠맛, 신맛, 감칠맛, 지방감 등은 모든 요리의 기초 설계 언어이며, 향신료는 이러한 기본 맛을 확장하거나 전환하는 감각적 도구로 작동합니다.

### (1) 짠맛(Saltiness)

- **기능**: 전체 맛 구조의 축을 형성하며, 다른 감각을 부각 또는 억제
- **한식 소스**: 간장, 된장, 액젓
- **대응 향신료/염도 조미료**: 미소, 피쉬소스, 두반장, 셀러리 솔트, 케이퍼
- **해석**

  된장 ↔ 미소(발효 콩의 염도 중심 구조)

  액젓 ↔ 피쉬소스(어류 발효 기반 감칠맛 + 짠 조합)

  간장 ↔ 셀러리 솔트, 간장 파우더(짠맛 + 향신 요소 병존)

### (2) 감칠맛(Umami)

- **기능**: 깊이감과 여운, 요리의 미들노트를 형성
- **한식 소스/재료**: 다시마, 멸치, 표고, 된장, 고추장
- **대응 향신료/조미료**: 건조 표고 파우더, 뉴트리셔널 이스트, 파르마산, 토마토 파우더
- **해석**

  멸치 ↔ 엔초비 파우더

  다시마 ↔ 해조 분말, 셀러리 루트

  표고 ↔ 건조 버섯류 파우더

  고추장 ↔ 고추베이스 소스 + 토마토 페이스트

### (3) 단맛(Sweetness)

- **기능**: 조화, 감정적 안정, 산미/짠맛 대비 조절
- **한식 소스**: 조청, 매실청, 유자청, 밤조림
- **대응 향신료/첨가 요소**: 바닐라, 시나몬, 히비스커스, 애플 파우더
- **해석**

  유자청 ↔ 시트러스 파우더 + 바닐라

  매실청 ↔ 히비스커스 + 설탕 시럽

  밤조림 ↔ 캐러멜 + 너트 향 베이스

### (4) 산미(Acidity)

- **기능**: 흐름 전환, 기름기 중화, 입맛 환기
- **한식 소스**: 식초, 오미자, 유자
- **대응 향신료/조미료**: 타마린드, 라임제스트, 레몬그라스, 발사믹 파우더
- **해석**

  유자 ↔ 레몬 버베나/시트러스 필

  오미자 ↔ 히비스커스/로즈힙

  식초 ↔ 라이스 비니거/바질식초

### (5) 지방감/고소함(Fatty/Savory)

- **기능**: 감칠맛과 결합 시 여운 강화, 베이스노트 역할
- **한식 대응**: 들기름, 참기름, 쇠기름, 라드, 콩비지
- **대응 향신료/오일류**: 헤이즐넛 오일, 바질 오일, 버터 인퓨즈드 허브 오일
- **해석**

  들기름 ↔ 너티 오일류(헤이즐넛, 아몬드 오일 등)

  참기름 ↔ 참깨 오일 or 고소 계열 태국 향 오일

  라드 ↔ 동물성 향 오일(예: 콘피 오일에 세이지 인퓨징)

0차원은 '단순한 맛'이 아닌, 향신료와 소스가 함께 엮이는 감각 구조의 출발점입니다. 한식의 기본 소스와 재료를 글로벌 조미 시스템과 연결하면, 한식의 맛을 지키면서도 글로벌 키친에서 재현 가능한 조합식 언어로 전환할 수 있습니다.

## 2) 1차원 맛 관계성 내 향신료 포지션 매핑

상승/중화/강조라는 3가지 감각적 관계 구조 속에서 향신료는 각각의 역할을 달리하며 배치됩니다. 이것은 '이 재료와 이 맛이 만나서 무엇을 만들어내는가'에 대한 감각적 설계의 핵심 도구입니다.

### (1) 상승(Synergy)

- **정의**: 서로 다른 감각이 결합되어 새로운 상승감을 유도하는 구조
- **대표 조합**: 감칠맛 + 산미 → 된장찌개 + 유자즙, 멸치 국물 + 레몬그라스
  매운맛 + 단맛 → 고추장 + 파인애플, 청양고추 + 꿀
- **향신료 포지션**
  타임, 바질, 고수잎 → 매운 자극 완화 및 밸런스 보강
  타마린드, 라임제스트 → 감칠맛과 산미를 매끄럽게 연결

### (2) 중화(Neutralizing)

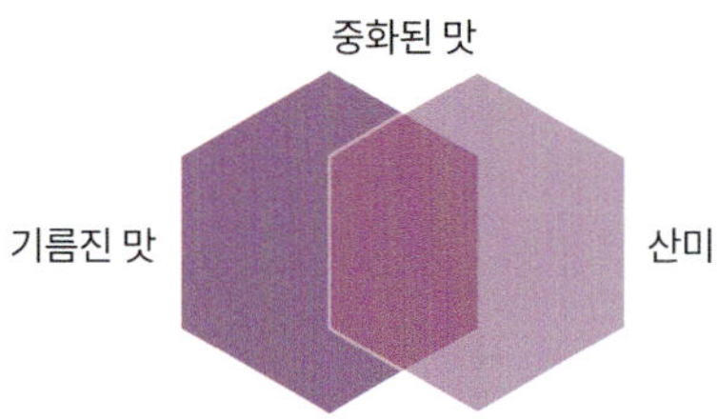


- **정의**: 강한 자극이나 향을 부드럽게 눌러주는 감각 균형
- **대표 조합**: 기름진 맛 + 산미 → 삼겹살 + 유자청, 비빔밥 + 식초
  쌉쌀한 향 + 단맛 → 깻잎 + 조청, 로즈마리 + 애플잼
- **향신료 포지션**
  딜, 민트 → 향신료 간 중화 조합에 활용
  생강, 마늘 → 향과 자극의 중심 레이어 중화 요소

### (3) 강조(Emphasis)

- **정의**: 유사 계열의 향이나 맛을 중첩해 핵심 감각을 강화하는 전략
- **대표 조합**: 된장 + 들기름 → 발효 고소 강조
  고추장 + 고추기름 → 매운맛 레이어링
  미나리 + 딜 → 청향 중첩 구조
- **향신료 포지션**
  시나몬 + 정향 → 따뜻한 스파이스 계열 강조
  민트 + 레몬제스트 → 청량 계열 톱노트 레이어 강화

한식은 '맛'이 아니라 '맛의 연결 방식'으로 기억되는 요리입니다. 그 연결 사이에 향신료를 정교하게 배치해, 글로벌 조미감각 속에서도 한식 고유의 정서 흐름을 유지할 수 있습니다.

### 3) 2차원 향·텍스처의 유사 감각 연결

한식 고유 향·질감과 글로벌 향신료 사이의 감각 대응성 분석 2차원은 향香과 텍스처(결 질감)를 다루는 감각의 영역입니다. 즉, 입안에서 무엇이 퍼지고, 어떤 촉각이 기억되는가를 설계하는 층위입니다. 한식의 향신 식재료는 단지 냄새가 아닌, 기억과 감정을 함께 불러일으킵니다. 이와 유사한 감각 구조를 가진 글로벌 향신료를 대응시켜보면 다음과 같습니다.

#### (1) 청향계열: 깨끗하고 싱그러운 허브 계열

| 한식 식재료 | 글로벌 대응 향신료 | 설명 |
|---|---|---|
| 미나리 | 코리앤더(고수) | 생향·비누향 계열 유사 |
| 쑥갓 | 딜(Dill) | 가볍고 푸른 청향 중심 |
| 쪽파 | 차이브(Chive) | 산뜻한 톱노트 허브향 대응 |

#### (2) 향긋한 발효향 계열: 숙성된 향, 깊이감 있는 발효 흔적

| 한식 식재료 | 글로벌 대응 향신료 | 설명 |
|---|---|---|
| 된장 | 미소(Miso) | 콩 발효 구조 대응 |
| 묵은지 | 독일식 사우어크라우트 | 발효된 산미와 감칠맛 유사 |
| 청국장 | 나토(Natto), 블루치즈 | 강한 숙성 아로마 기반 유사성 |

#### (3) 고소함·기름 향 계열: 베이스노트 잔향 구조

| 한식 식재료 | 글로벌 대응 향신료/오일 | 설명 |
|---|---|---|
| 들기름 | 헤이즐넛 오일 | 고소하고 부드러운 잔향 |
| 참기름 | 참깨 오일/피넛버터 오일 | 고소함 + 무게감 강조 |
| 고추기름 | 스파이스 인퓨즈드 오일 | 매운 향과 기름이 결합된 베이스 구조 |

### (4) 텍스처 구조: 입안의 결 질감 흐름

| 한식 텍스처 | 글로벌 대응 구조 | 설명 |
|---|---|---|
| 아삭함(무침류) | 생 채소 텍스처 + 펜넬 슬라이스 | 섬유질 기반의 씹힘 강조 |
| 끈적임(청국장) | 점성 오일 or 나토 | 끈적하지만 따뜻한 감정성 표현 가능 |
| 바삭함(전류·튀김) | 튀김향 허브 + 튀김옷 반죽 | 고소한 향 + 물리적 텍스처 결합 강조 |

2차원은 '냄새'가 아니라 '향이 남기는 감정의 결'입니다. 우리가 미나리를 기억할 때, 단지 향이 아니라 그날의 바람과 함께 떠오르는 정서가 있습니다. 이 감각을 외국 셰프에게 전달하려면, 감각적 구조어로 분해하고 유사 계열 향신료와 질감으로 감정까지 번역하는 설계가 필요합니다.

## 3. 글로벌 향신료 × 한식 감각 매핑 테이블

### 1) 향신료 20종의 다차원 감각 분석표

세계 주요 향신료 20가지를 다차원 감각 구조(0D~5D)로 정리한 매핑 테이블입니다.
해당 분석은 다음과 같은 기준으로 구성됩니다.

- **0차원**: 기본 맛 요소(매운맛, 산미, 단맛, 감칠맛 등)
- **1차원**: 맛의 관계 작용(상승, 중화, 강조 등)
- **2차원**: 향 계열 및 텍스처
- **3차원**: 입안의 감각 흐름(탑노트 – 미들노트 – 베이스노트)
- **4차원**: 계절성·조리 시간·숙성 여부
- **5차원**: 감정, 기억, 문화적 정서

**향신료 20종의 다차원 감각 분석표**

| No. | 향신료 | 0D | 1D | 2D | 3D | 4D | 5D |
|---|---|---|---|---|---|---|---|
| 1 | **바질** | 약한 단맛 + 청향 | 상승 | 허브향, 약간 쌉쌀 | 탑 | 여름, 후레쉬 사용 | 신선함, 식물성 기억 |
| 2 | **코리앤더** | 시트러스 + 향긋한 풀향 | 중화 | 화사한 풀향, 생향 | 탑 - 미들 | 봄~여름 | 자유로움, 생기 |
| 3 | **로즈마리** | 약간의 쓴맛 | 강조 | 목질계 허브향 | 베이스 | 겨울, 로스팅 적합 | 집중력, 따뜻함 |
| 4 | **타임** | 감칠맛 + 허브감 | 상승 | 깊고 따뜻한 향 | 미들 | 사계절 사용 | 정돈감, 성숙 |
| 5 | **딜** | 청향 + 단미 | 상승 | 가벼운 초록 향 | 탑 | 봄, 생식 적합 | 상쾌함, 재생 |
| 6 | **시나몬** | 단맛 + 따뜻한 매운감 | 강조 | 단향 + 우디함 | 미들 - 베이스 | 겨울, 조림 적합 | 위로, 포근함 |
| 7 | **정향 (클로브)** | 강한 감칠맛 + 쓴맛 | 강조 | 깊고 강한 우디 향 | 베이스 | 겨울, 숙성용 | 중후함, 고요 |
| 8 | **커민** | 고소 + 쌉쌀 | 상승 | 훈연된 고기향 계열 | 미들 - 베이스 | 겨울, 육류 어울림 | 전통적, 따뜻함 |
| 9 | **팔각 (스타아니스)** | 단 향 + 씁쓸함 | 상승 | 이국적 달콤 향 | 미들 | 겨울 | 이국성, 포용감 |
| 10 | **고수씨** | 고소 + 향긋함 | 상승 | 너티 + 약한 화사함 | 탑 - 미들 | 봄~가을 | 익숙함과 낯섦의 공존 |
| 11 | **생강** | 알싸함 + 감칠맛 | 상승 | 매운 향, 따뜻함 | 탑 | 사계절 | 활기, 회복 |
| 12 | **마늘** | 강한 감칠맛 + 매운감 | 강조 | 자극적 풍미 | 미들 - 베이스 | 사계절 | 일상성, 강인함 |
| 13 | **칠리** | 매운맛 | 강조 | 스파이시 계열 | 탑 - 미들 | 여름, 건조 조리 | 활력, 도전 |
| 14 | **후추** | 자극적 매운감 | 강조 | 따뜻하고 날카로운 향 | 미들 | 겨울 | 긴장감, 리듬 |

| | | | | | | | |
|---|---|---|---|---|---|---|---|
| 15 | **월계수** | 쓴맛 + 고소함 | 중화 | 약한 나무향 | 베이스 | 장시간 조리 | 깊이, 잔향 |
| 16 | **머스타드 씨** | 알싸함 + 고소 | 상승 | 스파이시 + 너티향 | 미들 | 조리·소스 적합 | 날카로움, 생동감 |
| 17 | **라임 제스트** | 산미 + 청향 | 상승 | 시트러스 계열 | 탑 | 여름 | 리프레시, 투명감 |
| 18 | **레몬 그라스** | 산미 + 청향 | 상승 | 달큰한 시트러스 허브 | 탑 – 미들 | 봄~여름 | 아시아적 시원함 |
| 19 | **와사비** | 알싸함 + 금속감 | 강조 | 코 자극, 청향 | 탑 | 겨울 | 냉철함, 긴장 |
| 20 | **타마린드** | 강한 산미 + 단맛 | 상승 | 진한 과실향 | 미들 – 베이스 | 열대, 숙성형 | 이국적 관능성 |

이 표는 각 향신료의 감각 구조를 한식의 6가지 차원적 관점으로 해석해 '어떤 감각 요소를 어디에 어떻게 쓸 수 있는가'를 정리한 매트릭스입니다. 이를 통해 글로벌 향신료를 한식에 적용할 때, 감정과 계절, 문화적 감각까지 아우르는 총체적 설계가 가능해집니다.

## 2) 감정·계절·정서별 감각 대체 구조

이제 감정과 계절, 한식의 정서를 세계 향신료로 번역하는 구조를 설계할 수 있습니다.
한식의 마리아주는 단순히 재료와 맛의 조합이 아니라, '정서적 기억'과 '계절적 맥락'이 공존하는 감각 구조입니다. 이 구조에 맞춰 글로벌 향신료를 활용하려면, 감정 – 계절 – 문화 키워드에 따른 감각 대체 구조를 설계해야 합니다.

### (1) 감정 키워드 중심 구조

| 감정 키워드 | 한식의 전통적 표현 | 글로벌 대체 향신료 | 감각 설명 |
|---|---|---|---|
| **위로** | 들깨죽, 된장국 | 시나몬, 너트 오일 | 따뜻한 베이스노트, 포근함 |
| **활력** | 냉면, 비빔밥 | 라임제스트, 민트 | 산미 + 청향 중심, 상쾌한 구조 |
| **고요** | 묵국, 맑은국 | 바질, 월계수 | 잔잔한 향 구조, 정돈된 미들노트 |
| **긴장감** | 청국장, 마늘쫑 | 와사비, 정향 | 자극적 향, 금속감 or 날카로움 |
| **낭만** | 약과, 유자청 | 팔각, 레몬그라스 | 달콤 + 이국적 시트러스 향 |
| **자존감** | 갈비찜, 전복죽 | 로즈마리, 후추 | 중후함, 집중을 유도하는 향 |

### (2) 계절별 대체 향신료 키워드

| 계절 | 한식 요소 | 추천 향신료 | 감각 매핑 |
|---|---|---|---|
| 봄 | 나물, 된장국 | 딜, 코리앤더 | 청향 중심, 새싹 감각 |
| 여름 | 냉면, 오이무침 | 민트, 라임제스트 | 산미 + 청량 구조 |
| 가을 | 전, 무침류 | 정향, 너트계 오일 | 고소함 + 따뜻한 잔향 |
| 겨울 | 찌개, 국밥 | 시나몬, 생강, 후추 | 따뜻함과 매운 자극의 중첩 |

### (3) 문화·정서 기반 키워드 대응

| 한식의 정서 개념 | 글로벌 향신료 대응 | 의미 |
|---|---|---|
| 어머니 손맛 | 정향, 월계수, 시나몬 | 오래된 향 + 숙성된 안정감 |
| 나눔의 밥상 | 생강, 바질 | 따뜻함 + 신선함의 균형 |
| 치유와 회복 | 들기름, 로즈마리 | 포근함 + 집중력 강화 |
| 절기 음식 | 팔각, 후추, 유자 | 감정 흐름과 계절 전환을 표현 |

향신료는 '맛'이 아니라, 감정을 움직이는 기억의 장치입니다. 한식이 전달하는 따뜻함, 고요함, 활력을 글로벌 향신료로 번역할 수 있다면, 세계 어디서든 '정서로 이어진 한식'이 가능해집니다.



# Unit 2. 한식 요리의 글로벌 리디자인 레시피

## 1. 한식 감각 구조 재설계 원리

### 1) 한식 요리의 감각 중심축 분석

'한식 요리는 무엇이 중심인가?'를 정의하는 일에서 글로벌 응용이 시작됩니다.

한식은 '양념' 중심도, '주재료' 중심도 아닌, '감각 흐름' 중심의 요리 문화입니다. 따라서 글로벌 리디자인은 단순한 재료 치환이 아니라, 감각의 축axis을 재정의하고 그에 따라 재조합해야 합니다.

## 중심축 분석의 핵심 질문

- 이 요리의 핵심 감각은 무엇인가?(짠맛인가, 고소한 향인가, 숙성된 감칠맛인가?)
- 어떤 입안 흐름(3차원 구조)을 만들고 있는가?(탑 – 미들 – 베이스의 방향성은 어떤가?)
- 조리 시간과 온도, 질감의 균형은 어떤가?(빠른 열인가, 저온 숙성인가? 수분감인가, 바삭함인가?)

**사례 분석**

| 메뉴명 | 감각 중심축 | 설명 |
|---|---|---|
| **청국장찌개** | 발효 감칠맛 베이스노트 중심 | 강한 베이스 감각이 핵심. 향의 여운이 깊음 |
| **된장무침** | 짠맛 + 고소함 미들노트 | 중간 레이어에서 맛의 폭이 펼쳐짐. 조미 간결 |
| **김치전** | 산미 – 기름 향 탑노트 | 시작부터 날카롭고 화려한 감각이 퍼짐 |
| **불고기** | 단짠 조화 + 향 마무리 | 미들노트 중심이나 마늘·참기름이 베이스를 잡아줌 |
| **도라지생채** | 아린 맛 + 청향 중심 | 텍스처와 향의 상호작용으로 탑 – 미들 간 감각 교차 |



## 글로벌 적용 포인트

- 감각 중심이 짠맛인 경우 → 로즈마리, 타임 등 고정된 구조 허브로 보완 가능
- 산미 중심 → 시트러스 향 계열로 리디자인, 여름 요리에 적합
- 고소함 중심 → 견과유(견과 기름)·스모키 오일 등으로 베이스 확장
- 향 중심 요리 → 향신료 블렌딩 중심의 마무리 설계 중요

한식은 재료가 아니라 '감각 구조'로 조리됩니다. 그 구조의 중심축을 정확히 파악하면, 세계 어디서든 한식의 정서와 의미를 잃지 않고 재설계가 가능합니다. 이는 곧, '한식 감각 언어 세계화'의 시작점이라 할 수 있습니다.

### 2) 향신료의 개입 위치: 전처리/조리 중/마무리/오일화/인퓨징

향신료를 '언제, 어떻게 넣느냐'가 감각의 결과를 바꿉니다.
한식은 '재료 자체'보다 '감각 흐름'에 집중하는 구조입니다. 따라서 향신료의 개입 타이밍과 방식은 전체 감각 설계의 핵심 축이 됩니다. 다음은 향신료의 개입 시점에 따른 감각 효과 분류입니다.

### (1) 전처리 단계: 재료와 향신료의 '선결합'

- **기능**: 향을 베이스로 흡착시켜, 요리 전체의 뉘앙스를 바꿈
- **예시**
- 불고기 고기에 로즈마리와 오렌지제스트를 함께 재워 숙성
- 무생채에 레몬제스트와 코리앤더 잎을 섞어 선풍미 유도

- **감각 흐름**: 베이스노트 형성에 유리
- **활용 포인트**
- 숙성 요리, 절임류, 고기류에 적합
- 향신료가 요리 전체의 정서적 뉘앙스를 주도할 수 있음

### (2) 조리 중 개입: 열과 함께 향이 확산되는 시점

- **기능**: 향의 확산과 깊이감을 조절
- **예시**
- 된장국 끓일 때 딜씨드나 정향을 중간 투입해 발효향 강조
- 볶음요리에 커민, 생강, 고수씨를 볶아 감칠맛 한층 강화

- **감각 흐름**: 미들노트 중심 형성
- **활용 포인트**
- 강한 향은 짧게, 은은한 향은 오래 익히는 구조
- 열과 지방의 구조가 있을 때 향이 풍성해짐

### (3) 마무리 단계: '여운'을 위한 감각 설계

- **기능**: 피날레로 작동하며, 향의 정체성과 감정 부여
- **예시**
- 묵은지볶음밥 위에 바질 파우더 뿌리기
- 청국장 위에 와사비 오일 몇 방울 떨어뜨리기

• **감각 흐름**: 탑노트 중심, 입 끝에 남는 기억 설계
• **활용 포인트**
- 향의 강도보다 '잔향의 결'이 중요
- 플레이팅과 함께 감정 연결 요소로 작동

### (4) 오일화/인퓨징: 향의 '매개체'로서의 변환

• **기능**: 기름·물·소금 등에 향을 이식해 매우 부드러운 전달을 유도
• **예시**
- 바질 진간장, 로즈마리 들깨 오일, 팔각 식초
- 생강 소금, 정향 버터 등 감각 저장 매체로서의 전환

• **감각 흐름**: 전/중/후 어디든 삽입 가능. 다차원 유동성 확보
• **활용 포인트**
- 선조리 없이 향의 감정을 전이시킬 수 있음
- 브랜드 상품화, 고급 플레이팅 요리에 적합



향신료는 '언제 넣느냐'에 따라 감각 레이어가 완전히 달라집니다. 한식은 감각이 흐르는 음식이기에, 타이밍은 단순 기술이 아니라 정서를 담는 설계 도구입니다. 이는 향신료가 곧 '감정 편집자'가 될 수 있다는 뜻입니다.

## 3) 감각 비중 조정 기준과 설계법

감각 비중 조정 기준과 설계법은 글로벌 향신료를 한식에 적용할 때, 얼마만큼 넣을 것인가에 대한 구조적 해석입니다.
한식 요리는 단순 비율보다 '감각 흐름의 균형'으로 이루어져 있습니다. 따라서 글로벌 향신료를 도입할 때는 한식의 감각 비중(0~1) 기준을 따라 요리 내 중심축을 유지하면서, 변화와 확장을 유도해야 합니다.

### (1) 감각 비중 기준표: 한식 내 기본 구조 이해

| 감각 요소 | 중심 요리 감각 비중 | 설명 |
|---|---|---|
| 짠맛 | 0.4~0.6 | 주로 간장, 된장, 액젓 등 사용. 전체 맛의 중심을 잡음 |
| 감칠맛 | 0.3~0.5 | 발효류, 육수, 조미추출물. 깊이와 풍부함 유도 |
| 단맛 | 0~0.2(주식 기준) | 설탕/조청의 배경 조율 요소 |
| 산미 | 0.1~0.3 | 식초, 유자, 발효된 산미로 대비감을 줌 |
| 매운맛 | 0.1~0.5 | 보조적이거나 중심 피날레 역할 |
| 향 요소 | 0.2~0.5 | 들기름, 마늘, 파, 허브 등 향의 축조 요소 |

※ 감각 비중 0~1 수치는 '강도'가 아니라 '요리 내 상대적 위치'를 표현함

### (2) 글로벌 향신료 적용 시 조정 기준

| 적용 범위 | 조정 기준 | 설명 |
|---|---|---|
| 주된 맛 요소 대체 | 기존 감각 비중을 유지하며 교체 | 예: 간장의 짠맛 → 발효 간장 + 타임(짠맛 0.5 유지) |
| 피날레 향 도입 | 향 요소 비중 내 0.2~0.3 추가 삽입 | 예: 청국장에 와사비 오일 0.2 수준 탑노트 부여 |
| 전체 구조 확장 | 기존 감각 축은 유지하되, 새로운 감각 층 추가 | 예: 묵은지 볶음에 커민 추가(베이스 확장) |

### (3) 감각 비중 설계 예시

묵은지 볶음밥 × 커민

**기존 감각**: 짠맛 0.5, 산미 0.3, 감칠맛 0.4

**변경 감각**: 커민 향 추가(0.2), 짠맛/산미 조절

**결과**: 향 중심 미들노트 부각, 이국적 감각 구조 형성

된장국 × 정향

**기존**: 짠맛 0.5, 감칠맛 0.4, 향 0.3

**변경**: 정향 0.2 삽입, 감칠/향 비중 유지

**결과**: 따뜻한 베이스노트 향 강조, 겨울 정서 확대

### (4) 감각 비중 조정 전략

- 기본 비중은 지키되, 향의 위치를 조정
- 0.1~0.2 수준의 향신료 개입이 전체 정서를 변화
- 감각 비중은 숫자가 아니라, 기억의 설계값

감각 비중 조정은 단순한 조리기술이 아니라, 맛의 흐름을 유지하면서 감정의 선율을 조정하는 설계 도구입니다. 한식의 중심축을 해치지 않고도, 글로벌 향신료로 감정과 계절을 담을 수 있다면, 그것이 진짜 '한식의 리디자인'입니다.

## 2. 리디자인 적용 사례

### 1) 청국장찌개 × 와사비 오일

발효 중심의 묵직한 청국장을 향미 중심으로 가볍게 전환 + 끝맛의 알싸함으로 구조적 비를 제공합니다.

**핵심 감각 구조**

| 차원 | 설명 |
|---|---|
| 0D | 짠맛 0.4, 감칠맛 0.6, 발효향 중심 |
| 1D | 묵직한 청국장의 깊이와 와사비의 날카로운 상승 대비 |
| 2D | 청국장의 강한 발효향 + 와사비 오일의 미세 매운 향 계열 |
| 3D | 탑노트: 와사비 향 피날레<br>미들노트: 된장·청국장 기반 깊은 풍미<br>베이스노트: 콩의 질감 |
| 4D | 겨울철 따뜻한 기운<br>숙성 청국장의 시간감 |
| 5D | 어머니 된장찌개를 연상시키는 정서에 현대적인 에지를 부여하는 실험감각 |

### 응용 포인트

와사비 오일은 플레이팅 직전 드리즐 → 향 계열은 유지하고 자극은 부드럽게 만듭니다.

입안의 피날레를 지배하는 날카로운 잔향을 설계합니다.

## 2) 불고기 × 로즈마리 & 오렌지제스트

달고 감칠맛 중심인 불고기를 허브의 지적미와 시트러스한 리프레시로 보완합니다.

#### 핵심 감각 구조

| 차원 | 설명 |
|---|---|
| 0D | 단맛 0.5, 감칠맛 0.4, 짠맛 0.3 |
| 1D | 단맛과 짠맛의 안정된 균형 + 로즈마리의 허브향이 고기 풍미 강조 |
| 2D | 오렌지 제스트의 탑 향과 로즈마리의 미들 계열 향미 레이어 |
| 3D | 탑노트: 오렌지 껍질 향<br>미들노트: 고기양념<br>베이스노트: 육즙 |
| 4D | 로스트 계열 향은 식사 중 미세 변화 유도 |
| 5D | 클래식한 한식 불고기에 지중해적 감각의 현대성 부여 – '한 – 지중해 퓨전' 감성 정체성 설계 |

### 응용 포인트

로즈마리는 마리네이드에 은은히 사용, 오렌지 제스트는 플레이팅 직전 마무리합니다.

와인 페어링을 염두에 둔 서양식 풍미를 확장합니다.

## 3) 묵은지볶음밥 × 딜버터

산미가 강한 묵은지와 버터의 지방감이 조화되도록 설계, 허브버터를 통해 정서적 온화함을 부여합니다.

**핵심 감각 구조**

| 차원 | 설명 |
|---|---|
| 0D | 산미 0.4, 짠맛 0.3, 감칠맛 0.3, 지방감 0.3 |
| 1D | 산미와 지방감의 중화구조<br>감칠맛 상승 |
| 2D | 딜 특유의 허브향이 묵은지 발효향을 정제 |
| 3D | 미들노트: 김치의 발효맛<br>베이스노트: 딜버터의 지방 레이어<br>미들 → 베이스 직행 구조로, 탑노트 없이 바로 '중심 → 안정'으로 진입<br>이는 죽, 볶음밥, 리조또 계열에서 자주 쓰이는 구조 |
| 4D | 숙성(묵은지) + 팬 프라이 조리의 시간감 |
| 5D | 위로받는 한 그릇의 정서 → '유럽식 향미로 재해석한 엄마표 볶음밥' |



## 응용 포인트

딜버터는 볶음 마지막에 넣어 향과 지방을 동시에 입히는 구조입니다.

디저트나 화이트 와인과 연계하기 쉬운 맛을 설계합니다.

### 4) 갈비찜 × 쿠민 & 시나몬

전통적인 단짠 갈비찜에 오리엔탈 스파이스 감각을 부여하여 '글로벌 향미 고기 요리'로 재설계합니다.

**핵심 감각 구조**

| 차원 | 설명 |
|---|---|
| 0D | 단맛 0.4, 짠맛 0.4, 감칠맛 0.3, 향미 0.5 |
| 1D | 단짠 기본 + 쿠민의 이국적 강조감<br>시나몬의 피날레 전환 |
| 2D | 쿠민의 따뜻하고 스모키한 향<br>시나몬의 달콤한 베이스 잔향 |

| | |
|---|---|
| 3D | 탑노트: 쿠민<br>미들노트: 간장 – 갈비 베이스<br>베이스노트: 시나몬 잔향 |
| 4D | 푹 조림한 시간성<br>스파이스 잔향의 지속감 |
| 5D | 명절의 고기 요리를 이국적 추억으로 확장하는 '글로벌 정서의 한식화' |

### 응용 포인트

갈비찜 졸일 때 쿠민 살짝 넣고, 시나몬은 스틱으로 은근히 향만 배게 합니다.

스파이스 풍미에 와인 페어링 가능성 확보 → 글로벌 식당 메뉴화가 가능해집니다.

## 5) 메밀국수 × 바질 오일

맑고 차가운 메밀국수의 곡물감 + 바질 오일의 허브 탑노트로 청량한 여름 구성을 설계
→ 단조로울 수 있는 조미구조에 서양식 신선한 향미의 반전을 부여합니다.

### 핵심 감각 구조

| 차원 | 설명 |
|---|---|
| 0D | 수분감 1.0, 짠맛 0.3, 감칠맛 0.3, 고소함 0.2, 향 0.4 |
| 1D | 국물의 청량함과 오일의 고소한 향이 상승 구조 형성 |
| 2D | 바질의 허브향이 탑노트로 선명하게 표현<br>국물의 다시마 – 간장 계열은 미들노트 유지 |
| 3D | 탑노트: 바질향, 미들노트: 메밀면 + 국물 감칠맛, 베이스노트: 곡물의 거친 고소함 |
| 4D | 여름 계절성, 냉면 계열의 시간감<br>국수의 온도와 바질 오일의 향이 시간차로 전달됨 |
| 5D | 더운 날, 마당에서 먹는 국수의 맑음 위에 지중해의 바람을 얹은 정서 – '동서양의 연결' |

**구성 재료 예시(1인 기준)**

| 재료 | 역할 | 감각 비중(0~1) | 기준 수치(%) | 감각 설명 |
|---|---|---|---|---|
| 메밀면 120g | 주재료 | 고소함 0.2, 수분감 0.4 | 40% | 곡물 고소함 + 수분 보유 면체 |
| 쯔유(간장육수) 100ml | 국물 베이스 | 짠맛 0.3, 감칠맛 0.3 | 30% | 가쓰오 + 간장 + 미림 기반 청량 육수 |
| 바질오일 5g | 향 피날레 | 향 0.4, 지방감 0.2 | 5% | 오일에 담긴 허브향 피날레 구성 |
| 무·파·유자 제스트 | 고명 조화 | 산미 0.1, 향 0.1 | 5% | 청량함과 깔끔한 입안 정리 |
| 얼음 3조각 | 냉각 요소 | 수분감 0.2 | 20% | 국물 감각의 명료성 강조 |

### 응용 포인트 요약

바질오일은 국물 위에 가볍게 드리즐 → 향은 위로, 구조는 아래로 분리합니다.

면과 국물은 기존 방식 유지하되, 향의 레이어링을 통해 '이탈리안 냉면' 감각을 유도합니다.

청량감 + 향미감 + 정서감이 동시에 작동하는 고차원 여름 메뉴입니다.



## 3. 국가별 향신료 × 한식 조합 테이블

### 1) 국가별 향신료 감각 키워드 분석

한식과 조합할 수 있는 국가별 향신료를 기본 맛 요소(0D) + 향 계열(2D) 기반으로 재해석한 감각 중심 키워드 분석입니다.

| 국가 | 대표 향신료 | 감각 키워드 (0D + 2D 중심) | 세부 감각 설명 | 한식 접목 키워드 |
|---|---|---|---|---|
| 인도 | 커민, 코리앤더, 강황, 가람마살라 | 따뜻함, 흙내음, 뉘앙스 깊이 | 고온에서 긴 시간 익히며 향의 깊이를 층층이 쌓음 | 장조림, 갈비찜 등 조림 한식에 적합 |
| 프랑스 | 로즈마리, 타임, 라벤더 | 허브의 미들노트 중심, 섬세한 우디향 | 입안에서 은근히 퍼지며 고기류 풍미 강화 | 불고기, 돼지구이, 닭강정에 활용 |
| 이탈리아 | 바질, 오레가노, 파슬리 | 상큼한 허브향, 탑노트 중심, 클린 | 기름기 있는 음식에 밝은 향의 상쇄 역할 | 비빔밥, 김치볶음밥, 두부 요리 등 |

| 중국 | 팔각, 산초, 진피, 생강 | 알싸함, 시원한 청량감, 마비감 | 입안을 깨우는 자극 특히 산초는 혀끝에 마비감을 줌 | 육개장, 불고기 등 육류탕에 활용 |
|---|---|---|---|---|
| 동남아 | 라임잎, 레몬그라스, 고수 | 청량한 산미, 이국적 허브의 리프레시 | 탑노트에서 강하게 시작해 빠르게 사라지는 구조 | 냉채류, 김치전, 해산물 요리에 이상적 |
| 중동 | 시나몬, 카다몸, 정향 | 묵직한 잔향, 단향 중심, 고온 스파이스 | 뜨거운 고기요리에 어울리는 관능적 향 | 갈비찜, 떡갈비, 숯불구이에 접목 |
| 일본 | 와사비, 유자, 생강 | 알싸함 + 산미 + 청향, 깔끔하고 수렴된 향 | 초반 탑노트가 날카롭고 잔향이 짧음 | 청국장, 된장찌개, 나물류에 활용 |
| 멕시코 | 칠리, 훈제 파프리카, 커민 | 매운맛 중심, 스모키함, 불향 | 고온 조리와 잘 어울리며 발효 풍미 강화 | 제육볶음, 닭갈비, 고추장요리에 접목 |
| 북유럽 | 딜, 캐러웨이, 머스타드시드 | 서늘한 허브계열, 톤 다운된 클린 향 | 고기보다 곡물·두유류와 궁합 우수 | 묵은지볶음밥, 콩조림 등 식물성 요리에 적합 |

### 요약 키포인트

- **0차원 맛 기반**: 중동·인도는 무게감, 동남아·일본은 산미/알싸함
- **2차원 향 중심**: 프랑스·이탈리아는 미들노트 허브, 멕시코는 스모키 탑
- **한식 접목 기준**: 조림류는 중동·인도, 볶음·구이는 프랑스·이탈리아 계열 효과적

## 2) 한식 원형 요리 × 해당 향신료 접목 사례

'한식 원형 요리 × 국가별 향신료 접목 사례'를 감각 구조에 기반해 상세히 설명하겠습니다. 한식의 전통적인 요리 구조에, 앞서 분석한 국가별 향신료를 0D~2D 감각 비중 중심으로 접목하여 설계한 표입니다.

**한식 원형 요리 × 국가별 향신료 접목 사례**

| 한식 원형 요리 | 국가 향신료 | 접목 방식 | 감각 비중 (0D/2D 중심) | 리디자인 포인트 |
|---|---|---|---|---|
| **불고기** | 로즈마리 (프랑스), 오렌지 제스트 (이탈리아) | 간장베이스 마리네이드에 로즈마리 넣고, 마무리 시 오렌지 제스트 가미 | 단맛 0.5<br>향 0.4 | 단짠 + 고소 중심에 허브 향미로 입체화, 와인 페어링 가능 |
| **갈비찜** | 쿠민 + 시나몬 (중동) | 간장찜 소스에 쿠민 소량과 시나몬 스틱 은은히 사용 | 감칠맛 0.4<br>향 0.5 | 고기와 어울리는 따뜻하고 단향성 있는 잔향 구조 |
| **청국장 찌개** | 와사비 오일 (일본) | 청국장 완성 후 와사비 오일을 피날레로 드리즐 | 감칠맛 0.6<br>향 0.3<br>알싸함 0.2 | 무거운 발효감을 정리하는 밝은 피날레 감각 |
| **김치전** | 바질 오일 (이탈리아) | 김치전 구운 후 바질 오일 드리즐 & 가니시 | 산미 0.3<br>향 0.4<br>지방감 0.3 | 향 중심 허브 감각과 지방 레이어가 발효감을 중화 |
| **비빔밥** | 고수 + 라임 (동남아) | 고명 구성에 고수 채썰기, 고추장 소스에 라임즙 추가 | 단맛 0.3<br>산미 0.3<br>향 0.4 | 풍부한 구성 안에서 허브와 산미의 균형 |
| **제육볶음** | 훈제 파프리카 + 커민 (멕시코) | 고추장 양념에 훈제 파프리카 추가 + 쿠민을 은은하게 첨가 | 매운맛 0.4<br>향 0.5<br>단맛 0.3 | 불향 강화 + 감각적 리드 중심 재구성 |
| **묵은지 볶음밥** | 딜 버터 (북유럽) | 팬 마무리 단계에서 딜 버터를 넣어 향과 지방감 동시에 부여 | 산미 0.3<br>향 0.4<br>지방감 0.3 | 발효 - 산미 중심에 부드럽고 향긋한 피날레 생성 |
| **해물파전** | 타임 + 레몬즙 (프랑스 + 동남아) | 반죽에 타임 소량 넣고, 플레이팅 후 레몬즙 드리즐 | 감칠맛 0.3<br>향 0.4<br>산미 0.3 | 전통 해물요리에 맑고 우아한 향 구조 부여 |

## 설계 포인트 요약

- 간장 베이스 + 허브는 향의 레이어링으로 풍미 구조를 다층화
- 발효 계열 + 산미/허브 오일은 중화 + 마무리 전환 포인트 설계에 탁월
- 불향/매운맛 + 스모키/커민 계열은 감각적 리더십을 구축

### 3) 다국적 1인 코스 및 감각 플레이팅 설계 예시

기획 의도

- 세계 향신료 × 한식 원형의 융합 코스
- 감각 흐름 구조(0D~5D) 중심 재구성
- 전통주 vs 와인 페어링

**구성 요약**

| 코스명 | 요리명 | 중심 감각 | 적용 향신료 | 주류 페어링 |
|---|---|---|---|---|
| Starter | 묵은지 딜버터 크로켓 | 산미, 향 | 딜(북유럽) | 소비뇽 블랑(Sauvignon Blanc) 막걸리/드라이 진(Gin) |
| Soup | 된장 트러플 크림 수프 | 감칠, 향 | 트러플(프랑스) | 부르고뉴 샤르도네(Bourgogne Chardonnay)/중온 온주(中温温酒) |
| Main 1 | 로즈마리 오렌지 불고기 | 단맛, 향 | 로즈마리 + 오렌지 제스트(프랑스/이탈리아) | 진판델(Zinfandel) |
| Main 2 | 김치전 × 바질 오일 | 산미, 향 | 바질(이탈리아) | 로제 와인(Provence Rosé)/ 생막걸리 |
| Dessert | 유자 시나몬 인절미 | 단맛, 향 | 시나몬(중동) | 게뷔르츠트라미너(Gewürztraminer)/유자 리큐르/생강 계열 크래프트 술 |

**감각 구조 흐름**

| 차원 | 감각 설명 |
|---|---|
| 0D | 묵은지 산미 → 된장 감칠맛 → 단짠 → 산미 → 유자 단향 |
| 1D | 중화(딜) → 상승(트러플) → 대비(로즈마리 – 단맛) → 중화(바질 – 김치) → 마무리(시나몬 – 유자) |
| 2D | 향의 흐름: 허브 → 곰팡이향 → 허브/시트러스 → 바질 → 시나몬 |
| 3D | 입안 구성: 바삭 → 부드러움 → 육즙 → 바삭 → 쫀득 |
| 4D | 시간성: 초여름 → 따뜻함 → 정오 → 초저녁 → 마무리 여운 |
| 5D | 정서 흐름: 노포적 기억 → 명절 → 가족식탁 → 간식처럼 먹던 전 → 유년의 단맛 |

### 와인 페어링 해설

| 코스 | 와인 설명 |
|---|---|
| Starter(딜버터) | 소비뇽 블랑: 허브와 산미 균형이 탁월, 딜과 묵은지 균형 잡힘 |
| Soup(된장×트러플) | 부르고뉴 샤르도네: 버터와 견과류향이 트러플·된장 크림에 잘 어울림 |
| Main 1(불고기) | 진판델: 블랙베리 노트, 단짠 불고기와 잘 어울리는 중진한 구조 |
| Main 2(김치전) | 프로방스 로제: 산뜻한 산미와 베리향이 김치전과 바질의 산미를 받쳐줌 |
| Dessert(인절미) | 게뷔르츠트라미너: 열대과일 향 + 스파이스 잔향이 유자 - 시나몬과 조화 |

# Part 4

# 활용 전략

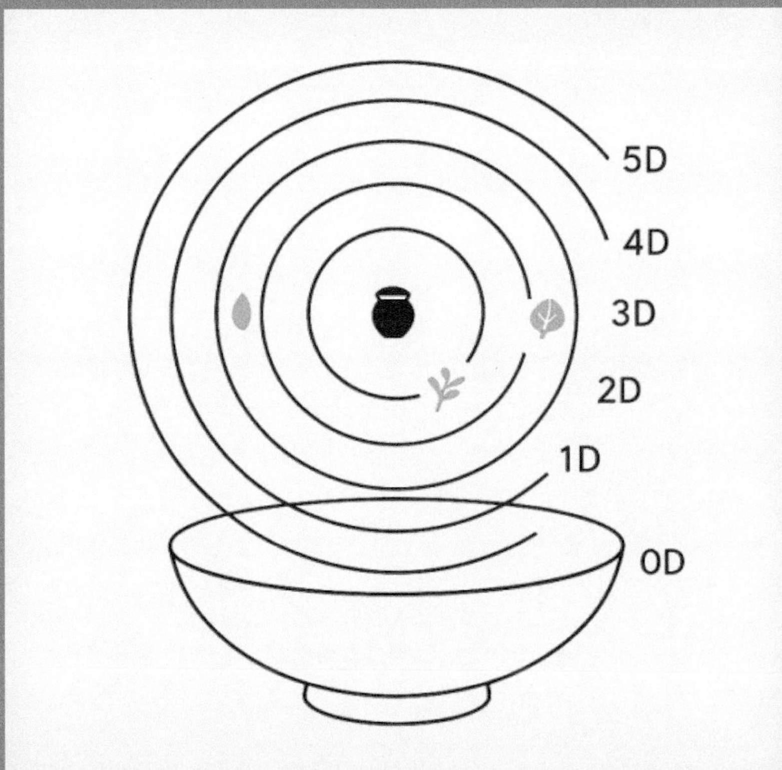

Echo GPT는 훌륭한 아이디어 제공자이자

창의적 파트너입니다.

프롬프트와 실전 활용법을 통해,

창의성과 전문성을 높일 수 있습니다.

지금, 아이디어를 입력하고 감각을 증폭Echo하세요.

Chapter 12

# Echo GPT 활용 프롬프트

Chapter 10에서는 프롬프트의 기본 활용법을 중심으로 다양한 실무 응용 사례를 제시했습니다. 질문 프롬프트부터 감각 수치 조정을 통한 원가 절감 레시피 설계, 수출형 한식 제품 개발까지 폭넓은 적용 가능성을 보여주었습니다.

하지만 실제 업무 현장에서는 더욱 세밀하고 맞춤화된 접근이 필요합니다. Chapter 12에서는 이러한 요구에 부응하여 업무별 특성에 최적화된 구체적 프롬프트를 제시합니다. 단순한 활용 예시를 넘어서 실무 현장의 복잡한 요구사항을 반영한 정교한 프롬프트 설계 방법에 초점을 맞춘 솔루션을 제공합니다.



## Unit 1. 프롬프트의 기본 구조

### 1. 기본 5단계 구조

프롬프트 엔지니어링은 단순히 AI에게 "무엇을 해달라"라고 요청하는 것에서 한 단계 더 나아가, 원하는 결과를 최대한 정확하고 효율적으로 얻기 위해 질문·지시를 설계하는 과정입니다.

적절한 프롬프트를 활용한다면 AI가 해석의 여지를 줄이고, 원하는 포맷·톤·길이로 답변하도록 유도하여 결과의 품질과 작업 효율성이 향상됩니다. 또한 AI가 단순한 정보 전달이 아니라 새로운 아이디어, 대안을 제시하도록 유도하여 창의적 발상을 유도할 수 있습니다. 결론적으로, AI를 '도구'가 아니라 '능력 있는 보조자'로 활용하려면 프롬프트 엔지니어링이 필요합니다.

효과적인 프롬프트의 구조는 다음과 같습니다.

효과적인 프롬포트 작성

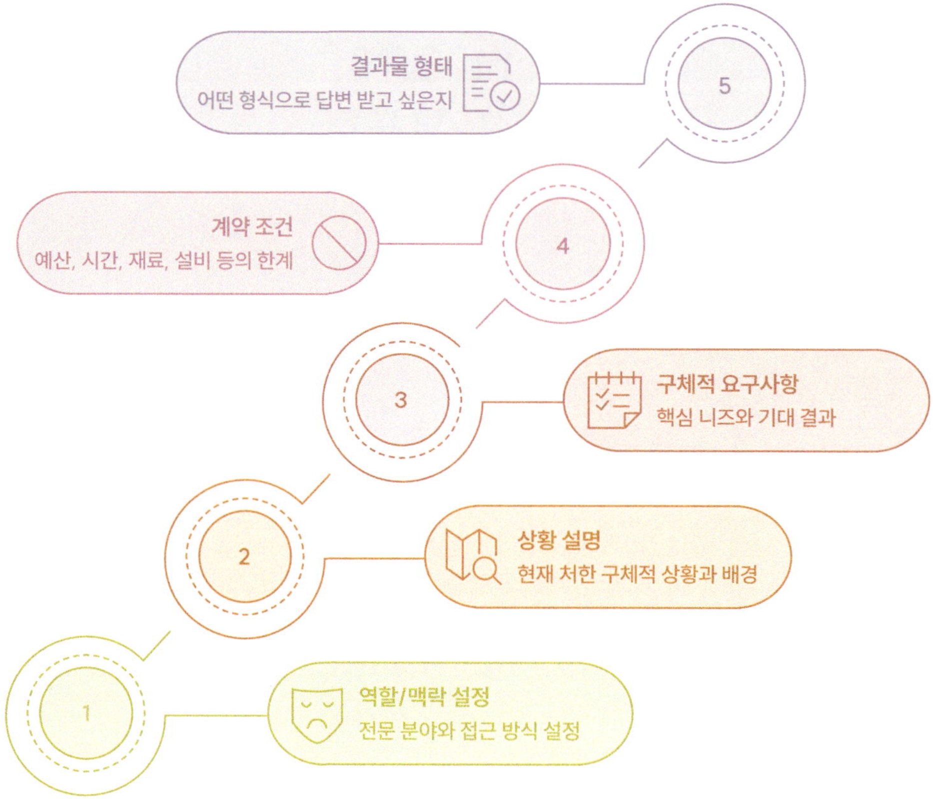


## 2. 단계별 세부 구성

### 1) 역할/맥락 설정

- GPT가 어떤 역할로 답변할지 명확히 지정
- 전문 분야와 접근 방식 설정

예시 질문

"너는 한식 감각 설계 전문가야."

"조리학과 교수 관점에서 답변해줘."
"20년 경력 요리연구가 입장에서 조언해줘."

### 2) 상황 설명

- 현재 처한 구체적 상황과 배경
- 문제 상황이나 목표하는 바

예시 질문

"방송에서 15분 안에 요리해야 해."
"100명 케이터링을 혼자 준비해야 해."
"클라이언트가 기존 레시피에 불만을 표했어."

### 3) 구체적 요구사항

- 정확히 무엇을 원하는지 명시
- 핵심 니즈와 기대 결과

예시 질문

"된장찌개를 다차원 감각 구조로 설계해줘."
"실패 없는 레시피로 구성해줘."
"감칠맛을 0.7 수준으로 강조해줘."

### 4) 제약 조건

- 예산, 시간, 재료, 설비 등의 한계
- 준수해야 할 기준이나 규정

예시 질문

"재료비 3,000원 이하로"
"조리시간 20분 내로"
"비건 재료만 사용해서"
"할랄 인증 기준에 맞게"

### 5) 결과물 형태

- 어떤 형식으로 답변 받고 싶은지
- 구체적인 문서 구조 요청

예시 질문

"단계별 조리법 + 감각 수치 포함해서"

"3분 영상 스크립트 형식으로"

"발주처 보고서 형태로"

"인스타그램 카드 콘텐츠로"

## 3. 프롬프트 작성 참고사항



### 1) 다차원 레시피 사용 시 핵심 키워드

① **"다차원 레시피로"**: GPT를 다차원 감각 설계 모드로 전환

② **"0D~5D 구조 포함해서"**: 전체 감각 차원 분석 유도

③ **"감각 수치 기반으로"**: 정량적 설계 방식 요청

④ **"탑 - 미들 - 베이스노트 흐름"**: 감각 전개 설계

⑤ **"감정 코드 연결해서"**: 정서적 층위까지 확장

이렇게 하면 단순한 레시피 요청이 아닌, 감각을 구조화하고 수치화하여 설계하는 "한식의 다차원 맛의 비밀"만의 독특한 접근법을 실무에서 활용할 수 있습니다.

### 2) 프롬프트 작성 시 주의사항

① **구체적일수록 좋은 결과**: "맛있게" → "감칠맛 0.6 수준으로"

② **제약조건 명시 필수**: 예산, 시간, 재료, 설비 등

③ **결과물 형태 지정**: 리스트, 표, 스크립트, 보고서 등

④ **성공 기준 제시**: "고객 만족도 90% 이상" 같은 목표 제시

⑤ **예외 상황 고려**: "만약 재료가 떨어지면" 같은 플랜 B를 명시

실무자의 입장에서 결과물은 표로 작성하는 것을 추천드립니다. 표로 작성하면 한눈에 파악하기 쉽습니다. 프롬프트 작성의 핵심은 GPT가 추측하지 않아도 되도록 모든 조건을 명확히 제시하는 것입니다.

# Unit 2. 프롬프트 템플릿

## 1. 상황별 프롬프트

### 1) 조리 실무용 프롬프트

▶ 프롬프트

[역할] 너는 0D~5D 감각 구조를 이해하는 한식 전문 셰프야.

[상황] 오늘 식생활문화센터에서 김치찌개를 만드는데, 나트륨 저감 정책으로 짠맛을 낮춰야 해.

[요구사항] 짠맛 감소분을 감칠맛과 향미 구조로 보완하는 다차원 레시피를 설계해줘.

[제약조건] 기존 조리시간 유지, 20인 분량 기준

[결과물] 탑 – 미들 – 베이스노트 흐름 + 맛 균형 체크포인트

▶ 출력 결과

다차원 김치찌개 레시피 – 나트륨 저감형(20인분 기준)

#### (1) 기본 정보

- **메뉴명**: 나트륨 저감 감칠맛 김치찌개
- **작성자**: HANSIK x PAIRING GPT
- **작성일자**: 2025. 08. 15.
- **조리시간**: 약 50분
- **인원수**: 20인분
- **요리 설명**: 전통 김치찌개의 정체성을 살리면서 짠맛을 25% 줄이고, 발효·육수·향미로 감칠맛과 깊이를 강화한 레시피
- **스토리텔링**: "덜 짜지만 더 깊은, 발효와 향이 살아있는 김치찌개"

### (2) 재료 및 감각 구조(20인분)

| 재료 | 역할 | 감각 비중(0~1) | 기준 수치(%) | 감각 설명 |
|---|---|---|---|---|
| 묵은지 2.8kg | 주재료 | 산미 0.25, 감칠맛 0.35 | 28% | 발효에서 오는 산미와 자연 감칠맛 |
| 돼지고기 목살 2kg | 주재료 | 감칠맛 0.4, 지방감 0.3 | 20% | 육즙과 고기 풍미 제공 |
| 표고버섯(건표고) 150g | 부재료 | 감칠맛 0.3, 향 0.25 | 1.5% | 글루탐산·구아닐산의 시너지 |
| 양파 1.2kg | 부재료 | 단맛 0.2 | 12% | 조리 중 단맛과 감칠 |
| 대파 400g | 부재료 | 향 0.2 | 4% | 매운 향과 단 향의 중간 지점 |
| 다진 마늘 250g | 조절/향 | 향 0.3 | 2.5% | 알리신의 자극과 깊이 |
| 고춧가루 250g | 향·컬러 | 매운맛 0.25 | 2.5% | 색감·매운 향 |
| 멸치·다시마 육수 7L | 소스 베이스 | 감칠맛 0.45 | 28% | 이노신산·글루탐산 기반 감칠 |
| 새우젓 100g | 소스 베이스 | 짠맛 0.35 | 1% | 발효 해산물 향미 |
| 된장 200g | 소스 베이스 | 감칠맛 0.35, 짠맛 0.25 | 2% | 콩 발효 풍미 |
| 참기름 150g | 조절/향 | 향 0.2 | 1.5% | 고소한 마무리 |

### (3) 감각 비중 분석 및 이유

| 감각 요소 | 적용 비중 | 이유 |
|---|---|---|
| 짠맛 | 0.35 | 기존 대비 25% 감축. 발효 젓갈·된장으로 짠맛을 보완 |
| 감칠맛 | 0.45 | 멸치·다시마·표고버섯·돼지고기에서 복합적으로 확보 |
| 산미 | 0.25 | 묵은지 발효 산미로 개운함 부여 |
| 매운맛 | 0.25 | 고춧가루로 은은한 매운 결 유지 |
| 단맛 | 0.2 | 양파 자연 단맛으로 밸런스 |
| 지방감 | 0.3 | 목살·참기름으로 부드러운 입안 코팅 |
| 향 | 0.3 | 대파·마늘·참기름의 복합 향 구조 |

### (4) 조리 흐름(기존 시간 유지)

**육수 준비(20분)**: 멸치·다시마·건표고를 중불에서 20분간 우려 감칠맛 육수 확보

**김치 볶기(5분)**: 묵은지, 마늘, 대파, 돼지고기 목살을 참기름에 볶아 향미층 형성

**찌개 끓이기(20분)**: 볶은 재료에 육수, 양파, 고춧가루, 된장, 새우젓을 넣고 끓임

**마무리(5분)**: 간 조정 후 참기름 소량 둘러 향 고정

### (5) 0D~5D 감각 구조

**0D(기본 맛)**: 낮아진 짠맛, 강화된 감칠맛·산미·지방감

**1D(맛 관계)**: 짠맛 축을 낮추고 감칠맛 – 산미로 상승 구조 형성

**2D(향·텍스처)**: 마늘·대파·참기름의 고소한 향, 목살의 부드러운 조직감

**3D(입안 흐름)**: 탑노트: 묵은지 산미 + 고춧가루 매운 향

미들노트: 멸치·표고·목살의 감칠맛 레이어

베이스노트: 참기름 고소함과 지방 코팅

**4D(시간·계절)**: 겨울철 발효 음식의 깊이와 숙성감

**5D(감정·기억)**: 집밥의 포근함, 건강한 짜개

### (6) 맛 균형 체크포인트

**짠맛 중심축 유지**: 짠맛을 줄였지만 발효 젓갈과 된장으로 깊이 확보

**감칠맛 강화**: 표고·멸치·다시마·고기 이노신산·글루탐산 시너지

**향미 완성**: 마늘·참기름으로 베이스노트 강화

**산미 – 감칠맛 조율**: 묵은지 산미가 짠맛 감소분의 맛 공백을 메움

## 2) 교육/특강용 프롬프트

**▶ 프롬프트**

[역할] 너는 다차원 감각 설계를 교육하는 조리 강사야.

[상황] 요리 초보자 25명에게 '된장찌개 끓이는 법' 2시간 특강을 진행해야 해.

[요구사항] 0D~5D 구조를 체험할 수 있는 단계별 실습과 감각 수치 변화에 따른 맛 차이를 설명할 수 있는 교육안을 만들어줘.

[제약조건] 이론 30분, 실습 90분, 개인별 실습

[결과물] 감각 차원별 설명법 + 수치 비교 실습 가이드 + 참가자 피드백 유도법

▶ **출력 결과**

2시간 된장찌개 특강 교육안

**주제**: 0D~5D 감각 구조로 배우는 된장찌개 끓이기

**대상**: 요리 초보자 25명

**구성**: 이론 30분 + 실습 90분(개인별 조리)

### (1) 이론(30분) - 감각 구조 이해

#### ① 0D~5D 개념 설명(15분)

- **0D(기본 맛)**: 단맛·짠맛·감칠맛·산미·쓴맛·지방감·수분감
- **1D(맛 관계)**: 상승(감칠맛 + 짠), 대비(산미 + 지방), 강조·중화
- **2D(향·텍스처)**: 발효향, 채소 향, 부드러움, 아삭함
- **3D(입안 흐름)**: 탑노트 - 미들노트 - 베이스노트
- **4D(시간·계절)**: 숙성, 조리시간, 계절 재료성
- **5D(감정·기억)**: 추억·문화·정서
- **비유**:"0D는 음표, 1D~5D는 음악의 멜로디와 분위기"

#### ② 감각 비중(0~1) 해석(10분)

- **0.1~0.2**: 은은함, 배경 맛
- **0.3~0.4**: 조화, 받쳐줌
- **0.5~0.6**: 중심 맛
- **0.7~1.0**: 강한 강조
- **예시**: 짠맛 0.5 → 중심축/단맛 0.2 → 은은함

#### ③ 된장찌개의 다차원 예시(5분)

- **0D**: 짠맛 0.45, 감칠맛 0.4, 산미 0.1, 지방 0.2
- **3D**: 탑(파 향) → 미들(된장 감칠맛) → 베이스(두부 부드러움)
- **5D**: 시골집 밥상, 겨울철 온기

### (2) 실습(90분) - 감각 수치 변화 체험

#### ① 단계별 실습 흐름

기본 육수 만들기(10분)

- 멸치 + 다시마 500ml - 감칠맛 0.3 기준

된장 농도별 비교(15분)

- 짠맛 비중 0.3(연함)/0.5(표준)/0.7(강함) 3종 시음
- 참가자 개별 맛 비교 기록

감칠맛 강화 실험(15분)

- 표고버섯, 새우젓 추가 전·후 비교 → 감칠맛 0.3 → 0.45 변화

향·텍스처 조정(15분)

- 대파 넣기 전·후 향미 차이
- 두부, 애호박 투입으로 부드러움·아삭함 변화

입안 흐름 설계(15분)

- 조리 순서 변경 → 탑노트·미들노트 변화 체험
- 파를 처음 넣었을 때 vs 마무리 직전 넣었을 때 비교

개인 최종 조리(20분)

- 각자 선호 감각 비중으로 조리

### (3) 수치 비교 실습 가이드

- **짠맛 변화**: 된장량 15g(0.3)/25g(0.5)/35g(0.7)
- **감칠맛 변화**: 표고버섯 5g 추가 → 0.3 → 0.45
- **향 변화**: 파 10g 마무리 투입 시 향 0.2 증가
- **텍스처 변화**: 두부(부드러움 0.3), 애호박(아삭함 0.2) 추가

참가자들은 시음 카드에 '짠맛·감칠맛·향·텍스처' 비중 변화를 0~1 사이로 기록합니다.

### (4) 참가자 피드백 유도법

① **비교 질문**: "짠맛 0.3과 0.5 중, 어느 쪽이 더 균형이 있었나요?"

② **감각 기억 연결**: "이 맛이 떠올리게 하는 상황이나 장소는?"

③ **개인 설계 공유**: 각자 조리한 된장찌개의 감각 비중표와 이유 발표

④ **상호 시식 피드백**: 옆 사람의 찌개를 시식 후 0~5D 코멘트 작성

### (5) 교육 목표 달성 포인트

- 초보자도 감각 수치 → 맛 변화를 직접 체험
- 된장찌개의 0D~5D 구조를 직관적으로 이해
- 개인별로 '나만의 감각 설계표' 완성

## 3) 메뉴개발용 프롬프트

**▶ 프롬프트**

[역할] 너는 다차원 감각 기반 메뉴개발 전문가야.

[상황] '계절 한정식' 브랜드에서 가을 메뉴로 '그리움'을 테마로 한 코스요리 5품을 개발해야 해.

[요구사항] 각 요리의 0D~5D 감각 구조와 감정 흐름을 설계하고, 마리아주까지 완성해줘.

[제약조건] 코스 전체 조리시간 90분 내, 프리미엄 가격대 정당화, 제철 식재료 70% 이상 사용

[결과물] 5품 다차원 레시피 + 감정 전개 구조 + 마리아주 흐름도 + 브랜드 스토리 연결 포인트

**▶ 출력 결과**

가을 테마 코스요리안

### (1) 코스 구성 개요

**테마**: 그리운 기억 속 가을 풍경을 맛으로 걷다

**구성**: 전채 → 중채 → 주메인 → 식사 → 디저트

**감정 전개**: 설렘 → 따뜻함 → 깊이 → 위로 → 여운

### (2) 각 요리 다차원 레시피 & 감정 흐름

#### ① 전채 – 산들바람 속 전어회 유자 드레싱

- **0D**: 짠맛 0.2, 단맛 0.2, 산미 0.4, 감칠맛 0.3
- **1D**: 산미가 전어 지방감과 대비 → 입맛 열기
- **2D**: 유자 껍질 향(시트러스), 생전어의 부드러운 육질
- **3D**: 탑노트 유자 향 → 미들 해조 감칠맛 → 베이스 은은한 기름기
- **4D**: 가을 전어(9~10월 산란 전) 제철성
- **5D**: 가을 바닷가, 어린 시절 가족 나들이 기억
- **감정**: 설렘과 시작의 상쾌함
- **마리아주**: 매실 약주 – 은은한 단산미로 지방감 절제

#### ② 중채 – 송이 향 물든 단호박 죽

- **0D**: 단맛 0.4, 감칠맛 0.4, 짠맛 0.1
- **1D**: 단맛과 감칠맛이 조화, 소금 한 꼬집으로 밸런스
- **2D**: 송이버섯 향, 단호박의 크리미 텍스처
- **3D**: 탑 단호박 단향 → 미들 송이 향 → 베이스 고소한 육수
- **4D**: 가을 송이(향미 절정), 단호박 수확기
- **5D**: 할머니 손맛, 온기와 보살핌
- **감정**: 따뜻함과 안정감
- **마리아주**: 오미자청 음료 – 색감과 새콤함으로 리프레시

#### ③ 주메인 – 밤·도토리묵·능이로 완성한 가을 숲 불고기

- **0D**: 짠맛 0.5, 단맛 0.3, 감칠맛 0.6, 지방감 0.3
- **1D**: 단짠 상승, 버섯 향과 고기 육향 상승
- **2D**: 능이버섯 고유 향, 도토리묵의 탄력 텍스처, 불향
- **3D**: 탑 불향 → 미들 버섯 감칠맛 → 베이스 고기 육향
- **4D**: 가을 버섯과 도토리 수확기
- **5D**: 산속 사냥 후 모닥불 저녁, 추억 속 자연
- **감정**: 깊이와 몰입
- **마리아주**: 도수 12~14% 숙성 탁주 – 곡물 풍미로 감칠맛 강조

④ **식사 – 들깨·우거지 갈비탕**

- **0D**: 짠맛 0.4, 감칠맛 0.6, 지방감 0.4
- **1D**: 들깨 고소함과 갈비 감칠맛의 상승
- **2D**: 들깨 고소한 향, 우거지 부드러움
- **3D**: 탑 고소한 향 → 미들 진한 국물 → 베이스 뼈육수 농도
- **4D**: 늦가을 배추우거지 활용, 장시간 우려낸 육수
- **5D**: 겨울 문턱의 가족 식탁, 함께 나누는 온기
- **감정**: 위로와 안정
- **마리아주**: 보리차 – 기름기 정리, 입안 클렌징

⑤ **디저트 – 감말랭이·호두·흑임자 아이스크림**

- **0D**: 단맛 0.5, 감칠맛 0.2, 쌉쌀한 맛 0.2
- **1D**: 단맛과 고소함 중화, 감칠맛은 은은
- **2D**: 흑임자 고소한 향, 감말랭이의 쫄깃함
- **3D**: 탑 감말랭이 단향 → 미들 호두 고소함 → 베이스 흑임자 잔향
- **4D**: 가을 곶감 건조, 견과류 수확
- **5D**: 명절 후 손님상, 정성 어린 대접
- **감정**: 여운과 포근함
- **마리아주**: 홍로 생막걸리 – 은은한 사과향과 상큼함으로 마무리

### (3) 코스 감정 전개 구조

설렘(전채) → 따뜻함(중채) → 깊이(주메인) → 위로(식사) → 여운(디저트)
→ 전통주·음청류가 각 전환부를 매끄럽게 연결

### (4) 마리아주 흐름도

전채(전어·유자): 매실약주 → 중채(단호박죽·송이): 오미자청 → 주메인(불고기·버섯): 숙성탁주 → 식사(갈비탕): 보리차 → 디저트(감말랭이·흑임자): 홍로생막걸리

### (5) 브랜드 스토리 연결 포인트

- **브랜드 정체성**: 계절의 기억을 맛으로 엮다
- **가을 에디션 메시지**: "그리움, 한 그릇에 담다"
- 전어, 송이, 단호박, 능이, 도토리, 우거지, 감말랭이 등 한국 가을의 풍경을 담은 재료
- 각 코스가 전달하는 감정은 브랜드가 추구하는 정서적 공감과 직결

## 4) R&D 제품개발용 프롬프트

**▶ 프롬프트**

[역할] 너는 감각 데이터를 제품화하는 식품개발 연구원이야.

[상황] 글로벌 진출용 '한식 소스' 라인업에서 동남아 시장 맞춤 고추장 베이스를 개발해야 해.

[요구사항] 저당 트렌드에 맞춰 설계하고, 현지 향신료를 활용한 탑 – 미들 – 베이스노트를 구성해줘.

[제약조건] 상온 보존 6개월, 현지 식재료 60% 이상, 할랄 인증 기준

[결과물] 감각 수치별 배합표 + 향미 프로파일 설계 + 보존성 테스트 가이드 + 현지 마케팅용 감각 설명서

**▶ 출력 결과**

동남아 시장 맞춤 저당형 고추장 베이스 한식 소스

### (1) 감각 수치 기반 배합 설계

**목표**: 설탕류 최소화(총 당 25%↓), 매운맛 중저강도(0.25), 감칠맛 강화, 현지 식재료 60% 이상, 할랄 인증

| 구성 재료 | 기능 | 배합비(%) | 감각 기여 |
|---|---|---|---|
| **고추장(국내산, 고춧가루 25%)** | 발효감·은은한 매운맛 | 22 | 매운맛 0.2, 감칠맛 0.15 |
| **코코넛 아미노스(발효 코코넛즙)** | 저당 단맛·감칠맛 | 15 | 단맛 0.15, 감칠맛 0.1 |
| **타마린드 페이스트** | 산미·탑노트 리프레시 | 10 | 산미 0.25 |
| **피시소스(현지산, 할랄 인증)** | 감칠맛·염도 | 12 | 감칠맛 0.25 |
| **볶은 마늘·샬롯 페이스트** | 깊이감·구수함 | 8 | 감칠맛 0.1 |
| **레몬그라스 페이스트** | 허브향·미들노트 | 7 | 향 중심 |
| **갈랑갈(분말)** | 따뜻한 스파이시 베이스 | 5 | 베이스 향 강화 |

| 카피르 라임잎 분말 | 상큼한 허브 향 | 3 | 탑노트 강화 |
|---|---|---|---|
| 바다소금 | 기본 염도 안정화 | 3 | 맛 밸런스 |
| 정제수 | 점도·균질화 | 15 | - |

**총합**: 100%(현지 식재료 비중 65%)

### (2) 향미 프로파일(탑 – 미들 – 베이스노트)

- 탑노트(0~3초): 타마린드의 새콤함 + 카피르 라임잎의 상쾌한 허브향 → 첫인상 산뜻·가벼움
- 미들노트(3~10초): 레몬그라스 허브향과 고추장의 발효감이 조화, 볶은 마늘·샬롯이 구수한 중간층 형성
- 베이스노트(10초~): 갈랑갈의 따뜻하고 알싸한 잔향 + 코코넛 아미노스의 부드러운 단맛 + 감칠맛

### (3) 보존성 테스트 가이드

#### 목표

- 상온(25~30℃) 보존 6개월, 저당 포뮬레이션 안정화, 할랄 인증 충족

#### 살균 조건

- 완제품 90℃에서 20분 열처리
- pH 4.5 이하 유지(타마린드·발효액 조정)

#### 포장

- 알루미늄 스탠딩 파우치 또는 진공 유리병
- 무산소 충진, 실링 강도 2kgf 이상

#### 테스트 항목

- **미생물**: 총균수, 대장균군, 효모·곰팡이(0/25g 기준)
- **관능**: 색 변화 $\Delta E \leq 3$, 향미 변화 10% 이내
- **점도**: ±5% 변동 이내

#### 가속 시험

- 37℃·45℃에서 2주·4주 가속 후 관능·미생물 검사

### (4) 현지 마케팅용 감각 설명서(예시)

'Light & Zesty Gochujang'은 한국 전통 발효 고추장을 동남아의 향신료와 허브로 재해석한 저당 프리미엄 소스입니다. 첫 맛은 타마린드와 카피르 라임잎이 산뜻하게 입안을 열고, 이어지는 레몬그라스와 발효 고추장의 조화가 부드럽게 퍼집니다. 마지막에는 갈랑갈과 코코넛 아미노스가 따뜻하고 은은한 단 감칠맛을 남깁니다. 설탕 함량을 줄여(25%↓) 건강하고 가벼운 맛을 구현했으며, 현지 재료를 60% 이상 사용해 친숙함과 이국적 매력을 동시에 담았습니다. 모든 원료는 할랄 인증 기준에 맞춰 안심하고 즐기실 수 있습니다.

## 5) 콘텐츠 제작용 프롬프트

**▶ 프롬프트**

[역할] 너는 다차원 감각을 스토리로 만드는 푸드 콘텐츠 크리에이터야.

[상황] 유튜브 '엄마의 손맛을 담다' 시리즈 중 된장국 편을 제작해야 해.

[요구사항] 0D~5D 구조로 엄마 손맛을 분석하고, 5분 영상 콘텐츠 기획안을 만들어줘.

[제약조건] 일반인도 이해 가능한 설명, 집에서 따라할 수 있는 난이도, 감동적인 스토리 요소

[결과물] 영상 스크립트 + 감각 설명 자막 + 탑 - 미들 - 베이스노트 연출법 + 시청자 참여 유도 질문 + 썸네일용 카피

**▶ 출력 결과**

유튜브 '엄마의 손맛을 담다 - 된장국 편' 5분 영상 제작안

### (1) 영상 스크립트(5분 구성)

**[인트로 - 0:00~0:30]**

- **화면**: 주방에 햇빛이 들어오고, 된장국에서 김이 피어오름
- **내레이션**: "집에 들어서면, 엄마의 된장국 향이 먼저 맞아줍니다. 오늘은 그 맛과 향, 그리고 마음을 과학처럼, 하지만 따뜻하게 풀어봅니다."

**[1부 - 재료와 0D 구조 소개(0:30~1:30)]**

- **화면**: 재료 손질 장면(된장, 멸치육수, 무, 두부, 파)
- **내레이션**: "0차원, 즉 기본 맛 요소부터 볼게요. 된장의 짠맛(0.4)과 감칠맛(0.5), 멸치육수의 감칠맛(0.3), 무의 은은한 단맛(0.2), 두부의 부드러운 지방감(0.2)이 조화됩니다."

• **자막**: [감각 수치표]

– 짠맛 0.4 | 감칠맛 0.5 | 단맛 0.2 | 지방감 0.2

**[2부 – 1D~3D 구조와 맛의 흐름(1:30~2:30)]**

• **화면**: 국물이 끓으며 재료들이 익는 클로즈업

• **내레이션**: "1차원, 맛의 관계는 '중화'입니다. 무의 단맛이 된장의 짠맛을 부드럽게 감싸죠. 2차원은 향과 텍스처입니다. 발효된 된장의 구수한 향, 끓을수록 퍼지는 대파의 알싸함, 두부의 부드러운 촉감이 입안에서 느껴집니다. 3차원, 즉 입안의 흐름은 탑노트 된장 향, 미들노트 무와 두부의 부드러움, 베이스노트 멸치육수의 깊은 감칠맛입니다."

• **자막**: [탑 – 미들 – 베이스노트]

– Top: 된장 향

– Middle: 무 단맛·두부 부드러움

– Base: 멸치육수 감칠맛



**[3부 – 4D~5D 구조와 감정 코드(2:30~3:30)]**

• **화면**: 식탁에 가족이 둘러앉아 된장국을 먹는 장면

• **내레이션**: "4차원은 시간과 계절입니다. 초겨울 아침, 따뜻한 된장국 한 그릇은 하루를 여는 의식 같죠. 5차원은 감정과 기억입니다. '돌아오면 언제나 기다려주는 맛', 이게 바로 엄마의 손맛이죠. 감정 코드는 '안정(Comfort)', '회복(Healing)', '그리움(Nostalgia)'입니다."

• **자막**: [감정 코드]

– Comfort | Healing | Nostalgia

**[4부 – 따라하기 & 연출 팁(3:30~4:30)]**

• **화면**: 간단 레시피 시연

① 멸치·다시마 육수를 먼저 우린다.

② 된장을 체에 풀어 육수에 넣는다.

③ 무를 넣고 5분간 끓인다.

④ 두부와 대파를 넣고 마무리한다.

- **연출 포인트**
  ① 탑노트: 된장 넣을 때 김 피어오르는 장면 슬로모션
  ② 미들노트: 무가 투명해지는 타이밍 근접 촬영
  ③ 베이스노트: 국자 뜰 때 국물의 점도와 색감 강조

**[5부 – 마무리 & 참여 유도(4:30~5:00)]**

- **내레이션**: "여러분의 집 된장국은 어떤 맛의 기억을 담고 있나요? 댓글로 '나만의 된장국 스토리'를 남겨주세요. 다음 영상에서 소개해 드릴게요."
- **화면**: 된장국 한 숟갈을 들고 미소 짓는 장면
- **자막**: "당신의 추억 한 숟갈, 오늘 끓여보세요"

### (2) 감각 설명 자막 예시

- **0D**: 짠맛 0.4 | 감칠맛 0.5 | 단맛 0.2 | 지방감 0.2
- **1D**: 무의 단맛 ↔ 된장의 짠맛 중화 구조
- **2D**: 발효향, 대파의 알싸함, 두부의 부드러움
- **3D**: Top – Middle – Base 시각 효과
- **4D**: 계절성(초겨울 아침)
- **5D**: 감정 코드(Comfort·Healing·Nostalgia)

### (3) 탑 – 미들 – 베이스노트 연출법

- **탑노트**: 된장을 풀 때 발생하는 향을 김과 함께 촬영(ASMR 사운드 추가)
- **미들노트**: 재료가 익어가며 색과 질감이 변하는 장면 타임랩스
- **베이스노트**: 국물 뜨는 장면에서 카메라를 낮게 위치, 빛 반사로 깊이감 표현

### (4) 시청자 참여 유도 질문

- "여러분은 된장국에 어떤 재료를 꼭 넣으시나요?"
- "된장국 하면 떠오르는 사람은 누구인가요?"
- "혹시 집마다 다른 비밀 재료가 있다면 알려주세요."

### (5) 썸네일용 카피

- "한 숟갈에 엄마 품"
- "된장국에 숨은 5가지 감각"
- "이 맛, 집에 가고 싶게 만든다"

## 6) 브랜딩 전략용 프롬프트

▶ **프롬프트**

[역할] 너는 감각을 브랜드로 만드는 외식 컨설턴트야.

[상황] '웰니스 식탁' 콘셉트로 한식당을 런칭하려는 창업자를 도와야 해.

[요구사항] 브랜드 핵심 코드를 설정하고, 대표 메뉴 3종의 다차원 구조와 감정 마리아주를 설계해줘.

[제약조건] MZ세대 타깃, 인스타그램 화제성, 단가 15,000원 선

[결과물] 브랜드 감각 아이덴티티 + 메뉴별 0D~5D 설계 + 감정 스토리 + SNS 콘텐츠 전략 + 고객 경험 설계



▶ **출력 결과**

'웰니스 식탁' 한식당 런칭 기획안

### (1) 브랜드 감각 아이덴티티

- **브랜드 키워드**: Wellness, Minimal Luxury, Korean Soul
- **핵심 코드**:
  1. 클린&밸런스 - 저염·저당·고영양, 시각적으로도 여백과 균형
  2. 계절성 - 제철 식재료 70% 이상
  3. 감정 힐링 - 0D~5D 감각 구조로 '마음이 쉬는 맛' 구현
- **브랜드 컬러**: Sage Green + Warm Beige
- **태그라인**: 한 숟갈의 쉼

### (2) 대표 메뉴 3종 다차원 구조 & 감정 마리아주

#### ① 봄들레 비빔밥(15,000원)

- **0D**: 짠맛 0.3, 단맛 0.2, 산미 0.2, 감칠맛 0.4, 지방감 0.2

- **1D**: 봄나물 산미 ↔ 참기름 고소함 '중화'
- **2D**: 들기름 향, 나물 아삭함, 달걀노른자 크리미감
- **3D**: Top – 들기름 향/Middle – 나물 단맛·산미/Base – 밥과 장의 감칠맛
- **4D**: 봄 제철 나물, 생채소와 곡물 밥
- **5D**: '첫 소풍'의 설렘, 자연과 연결된 안정감
- **감정 마리아주**: 활력(Energy) + 편안함(Comfort)
- **페어링 음료**: 유자 블렌딩 티(상큼함으로 클렌징)

**② 발효 채소 곤드레 정식(15,000원)**

- **0D**: 짠맛 0.4, 감칠맛 0.5, 단맛 0.1, 지방감 0.2
- **1D**: 발효 채소 짠맛 ↔ 곤드레 단향 '대비'
- **2D**: 된장 발효향, 곤드레 부드러운 질감, 견과류 고소함
- **3D**: Top – 된장 향/Middle – 곤드레 단향/Base – 곡물밥과 장아찌 감칠맛
- **4D**: 여름 전환기 곤드레, 발효 채소 저장성
- **5D**: '할머니 부엌'의 기억, 보호받는 느낌
- **감정 마리아주**: 회복(Healing) + 그리움(Nostalgia)
- **페어링 음료**: 곡물 라떼(고소함으로 여운 강화)

**③ 한우 버섯 채소탕(15,000원)**

- **0D**: 짠맛 0.35, 감칠맛 0.6, 지방감 0.25
- **1D**: 육향과 버섯 감칠맛 '상승'
- **2D**: 표고·느타리 향, 부드러운 채소 식감
- **3D**: Top – 버섯 향/Middle – 채소 단맛/Base – 진한 한우 육수
- **4D**: 가을·겨울 보양, 장시간 끓인 육수
- **5D**: '따뜻한 집'의 안도감, 마음까지 덮어주는 온기
- **감정 마리아주**: 안정(Stability) + 만족(Satisfaction)
- **페어링 음료**: 생강 허브티(따뜻함 유지)

### (3) SNS 콘텐츠 전략

- **콘텐츠 형식**
  1. 웰니스한끼 방문 인증샷 + 개인 웰니스 팁 공유
  2. Before&After 릴스: 식사 전 긴장된 표정 ↔ 식사 후 편안한 표정
  3. 계절 레시피 숏폼: 30초 안에 제철 재료 손질 팁
- **비주얼 코드**: 자연광, 미니멀 테이블 세팅, 브랜드 컬러 소품 활용
- **해시태그**: #웰니스식탁 #한숟갈의쉼 #힐링한식 #MZ힐링맛집

### (4) 고객 경험 설계

- **입장**: 허브워터 환영 서비스 + 짧은 메뉴 스토리 카드 제공
- **식사 중**: 각 메뉴별 감각 구조와 감정 코드를 시각화한 '감각 플레이스 매트'
- **결제 시**: 계절별 웰니스 레시피 카드 증정
- **재방문 유도**: 4회 방문 시 '셰프 추천 계절 메뉴' 무료 제공



## 2. 프롬프트 심화 활용법

### 1) 요구사항 단계별 요청하기

복잡한 작업은 프롬프트의 순서를 지정하거나 단계별로 구성하면, AI가 한 번에 모든 내용을 처리하는 대신 순차적으로 깊이 있는 결과물을 생성할 수 있습니다. 이 접근법은 점진적 정교화 원리를 적용하여, 단순한 답변이 아닌 완성도 높은 최종 결과물을 도출하여 프롬프트의 효과를 극대화 할 수 있습니다.

예시 질문

**1단계**: 비건 김치찌개 기본 구조를 설계해줘.

**2단계**: 여기서 감칠맛을 더 강화할 방법 추가해줘.

**3단계**: 이걸 대량 조리용으로 스케일업해줘.

### 2) 조건별 결과물 구분하기

변형안을 제시하도록 하면, 단일 답변에 그치지 않고 다중 옵션 또는 비교형 출력을 통해 응답의 실용성과 실행 가능성을 강화할 수 있습니다.

예시 질문

만약 예산이 충분하면 A 방식으로 레시피를 구성하고, 예산이 부족하면 B 방식으로 레시피를 설계해줘. 이때 각각의 장단점도 비교해서 제시해줘.

### 3) 역할 전환하기

프롬프트에서 역할을 단계적으로 전환하면, 동일한 주제라도 각기 다른 관점과 우선순위를 반영할 수 있습니다. 단순한 응답 생성이 아니라, 다차원적이고 실행력 있는 결과물로 발전하게 됩니다.

예시 질문

먼저 셰프 관점에서 레시피를 설계하고, 그다음 마케터 관점에서 고객 어필 포인트를, 마지막으로 사업자 관점에서 수익성을 분석해줘.

## Chapter 13

# 요리연구가의 다차원 레시피 활용법

노고은 요리연구가의 기존 요리책 구조는 아래와 같습니다.

단호박훈제오리볶음

구성을 분석하면, 상단에 요리명과 간략한 소개가 위치하고 요리의 특징과 응용 가능성을 간단하게 제시하였습니다. 재료와 양념 파트는 '큰술, 1/4개, 1쪽' 등 가정용 계량 중심으로 표기하였고 재료량에 '~200g'처럼 참고용 무게도 표기하였습니다. 조리과정 사진과 조리법은 단계별로 핵심 재료와 동작을 함께 명시(예: "씨를 제거하고 한입 크기로 썬다", "바삭하게 튀긴다")하였습니다.

기존의 레시피는 계량 단위와 사진 구성을 초보자 친화적으로 계획하였고 각 단계에 맞춘 사진 배치로 직관적으로 이해가 가능하도록 하였습니다. 설명은 기능적, 실용적이고, 불필요한 스토리나 장식적 문장은 줄였습니다.

**구성 흐름**

| 구역 | 내용 요소 | 특징 |
|---|---|---|
| 1. 요리명·소개 | - 요리명<br>- 간략 설명 및 응용 제안 | 요리의 성격과 특징을 한 문장으로 제시, 대체 식재료 활용법 제안 |
| 2. 재료·양념 | - 주재료 목록<br>- 양념 목록 | 재료와 양념을 구분해 표기, 계량 단위는 가정용 기준(큰술, 개, 쪽 등), 필요시 무게 병기 |
| 3. 조리 과정 | - 단계별 번호(1~6)<br>- 각 단계별 조리 사진 | 각 단계별 사진 1~2장, 핵심 동작과 재료 언급, 짧고 명확한 지시문 |
| 4. 완성 단계 | - 마지막 조리 과정<br>- 마무리 재료 첨가 | 완성 전 최종 조리법과 마무리 양념·토핑 소개 |
| 5. 시각 구성 | - 과정별 클로즈업 사진<br>- 페이지별 50% 이상 사진 배치 | 독자의 직관적 이해를 돕는 실물 중심 사진, 절차 흐름과 시각 자료 일치 |

기존의 요리책 구성에 다차원 레시피를 적용하면 어떻게 될까요? 가지덮밥을 예로 들어보겠습니다.

**▶ 프롬프트**

너는 한식 다차원 감각 구조(0D~5D) 분석 전문가이자 요리책 저자야.
'가지덮밥' 메뉴를 0D~5D 감각 구조로 분석하고, 재현 가능한 레시피를 만들어야 해.
- 재료와 대체재료, 조리법, 조리 TIP 포함
- 각 재료의 g 단위 기준량, 감각 비중(0~1), 기준 수치(%), 감각 설명 포함
- 0D~5D 분석(기본 맛·맛 관계·향·텍스처·입안 레이어·계절성·감정) 표기
- 조리 순서와 감각 흐름 설명, 왜 그 감각 비중을 설정했는지 이유 포함
- 전통주·디저트 마리아주 제안 포함

2인분 기준이고 조리시간 15분 이내, 제철 재료를 활용할거야.
결과물은 소개글 + 다차원 레시피 표 + 감각 비중 이유 표 + 마리아주 제안 + 감각 흐름을 포함해서 출력해줘.

▶ **출력 결과**

가지덮밥 다차원 레시피

## 소개글

가지덮밥은 부드럽고 기름을 머금은 가지, 돼지고기의 감칠맛, 그리고 연두부의 크리미한 질감이 하나로 어우러진 덮밥 요리입니다. 또한 밥은 물론 우동면·수타면과도 조합이 가능해, 한식과 퓨전적 변주를 동시에 보여줄 수 있는 메뉴입니다.

**다차원 레시피 표(2인분/15분 이내)**

| 재료 | g | 감각 비중(0~1) | 기준 수치(%) | 감각 설명 |
|---|---|---|---|---|
| 가지 | 200g(1개) | 0.25 | 20% | 부드럽고 기름을 흡수,<br>은은한 단맛 |
| 마늘 | 20g(4쪽) | 0.07 | 2% | 알싸한 향, 기초 풍미 |
| 양파 | 60g(1/4개) | 0.08 | 6% | 단맛과 수분감 |
| 매운 고추 | 10g(1개) | 0.05 | 1% | 칼칼하고 매운 피날레 |
| 홍고추 | 10g(1개) | 0.05 | 1% | 색감·은은한 매운 향 |
| 다진 대파 | 20g(2큰술) | 0.05 | 2% | 신선한 향, 단맛 |
| 다진 돼지고기 | 100g(1줌) | 0.20 | 17% | 감칠맛·고소·단백질 |
| 연두부 | 200g(1팩) | 0.15 | 17% | 크리미한 질감, 고소함 |
| 밥 | 270g(1.5공기) | 0.25 | 23% | 바탕이 되는 주식 |
| 맛술 | 15g(1큰술) | 0.02 | 1% | 잡내 제거, 단맛 보조 |
| 고추기름 | 15g(1큰술) | 0.05 | 2% | 매운 향, 코팅감 |
| 된장 | 20g(1큰술) | 0.07 | 2% | 구수한 발효향, 짠맛 |
| 고추장 | 20g(1큰술) | 0.07 | 2% | 매운 단짠 조화 |
| 올리고당 | 15g(1큰술) | 0.05 | 2% | 단맛 보완, 윤기 |
| 참기름 | 15g(1큰술) | 0.05 | 2% | 고소함·향 |
| 참깨 | 2g(1/3큰술) | 0.02 | 0.5% | 고소함, 비주얼 |

대체재료

- 가지 → 애호박, 표고·새송이 등 버섯류
- 돼지고기 → 두부, 닭고기

## 0D~5D 감각 구조 분석

| 차원 | 분석 내용 |
|---|---|
| 0D(기본 맛) | 짠맛(0.22), 단맛(0.13), 감칠맛(0.20), 매운맛(0.15), 고소함(0.20) |
| 1D(맛 관계) | 짠맛 ↔ 단맛 균형, 매운맛 ↔ 고소함 대비, 감칠맛이 중심을 잡아줌 |
| 2D(향·텍스처) | 고추기름·마늘·대파의 향<br>부드러운 가지 + 연두부 ↔ 씹힘 있는 고기 대비 |
| 3D(입안 레이어) | 탑노트: 고추기름·마늘 향 → 미들노트: 된장·고추장 양념에 배인 가지와 고기 →<br>베이스노트: 연두부의 크리미함과 참기름의 고소한 지방 레이어 |
| 4D(계절성) | 여름 가지와 고추가 제철<br>가을엔 버섯 변주, 겨울엔 두부 강화 |
| 5D(감정) | 든든한 점심·저녁의 만족감, 퓨전형 덮밥의 색다른 즐거움, '빠른 한 그릇 요리'의 효율성과 위안 |

## 감각 비중 이유

| 감각 | 비중 | 이유 |
|---|---|---|
| **고소함** | 0.20 | 연두부·참기름·참깨가 전체 맛을 부드럽게 정리 |
| **짠맛** | 0.22 | 밥반찬 겸 덮밥으로서 주된 인상 |
| **단맛** | 0.13 | 양파·올리고당으로 짠맛·매운맛 완충 |
| **감칠맛** | 0.20 | 돼지고기·된장이 덮밥의 깊이를 형성 |
| **매운맛** | 0.15 | 고추·고추기름으로 입맛 자극과 대비감 제공 |
| **향** | 0.10 | 마늘·대파로 풍미 층위 확립 |

## 조리 순서 & 감각 흐름 + TIP

### ① 손질

가지는 4~5cm 길이로 막대 모양 썰고, 마늘은 편으로, 양파·고추는 잘게 다진다.

→ **감각 준비 단계**: 시각 대비(가지·홍고추 색), 향(마늘·대파) 사전 확보

### ② 구이·볶음 기초

센 불에서 가지를 먼저 노릇하게 구워 표면에 기름 코팅. 이어서 기름을 더해 마늘을 볶아 향을 낸다.

→ **탑노트 형성**: 구운 향 + 마늘 향이 입맛을 깨우는 전주곡

### ③ 채소 + 고기 볶기

대파·양파·고추를 넣어 볶아 단맛과 칼칼함을 내고, 다진 돼지고기·맛술·고추기름을 넣어 중불에서 조리한다.

→ **미들노트 시작**: 단맛(양파)과 매운맛(고추), 감칠맛(고기)이 동시에 퍼짐

### ④ 양념 조합

고기가 익으면 된장·고추장·올리고당을 넣고 버무려 양념이 재료에 스며들도록 한다.

→ **미들노트 클라이맥스**: 짠맛·단맛·감칠맛의 핵심 축이 가지와 고기에 흡수됨

### ⑤ 연두부 + 완성

연두부를 큼직하게 떠 넣어 양념과 부드럽게 섞고, 밥 위에 올린다.

→ **베이스노트 준비**: 양념의 강도를 연두부의 고소·부드러움으로 완화

### ⑥ 마무리

참기름과 참깨를 뿌려 마무리한다.

→ **베이스노트**: 고소한 향과 크리미함이 입안에 잔잔히 남음

TIP

- 가지는 기름 흡수력이 크므로 먼저 구워 겉면을 코팅하면 질척하지 않고 풍미 유지
- 고추기름은 초반에 넣어야 향의 레이어가 오래 유지됨
- 연두부는 마지막에 넣어야 질감과 고소한 풍미가 깨끗하게 마무리됨

### 전통주 & 디저트 마리아주

| 범주 | 제안 | 이유 |
|---|---|---|
| 전통주 | 오미자청 베이스 약주 | 매운·짠 양념과 대비되는 상큼한 산미 제공 |
| 디저트 | 수박화채 | 매운맛 뒤 입안을 정리하고 시원한 베이스노트 형성 |

## 감각 흐름 요약

- **탑노트**: 고추기름·마늘의 알싸한 향
- **미들노트**: 된장·고추장 양념에 배인 가지와 돼지고기의 단짠 감칠맛
- **베이스노트**: 연두부의 크리미·참기름 고소 마무리
- **전체 인상**: 강렬함과 부드러움이 동시에 살아 있는, 15분 완성 제철 한 그릇 요리

### ▶ 결과 반영

**기존 구성**

**가지덮밥**

**소개글**
가지, 연두부, 돼지고기와 소스가 적절히 어우러진 덮밥 요리입니다. 밥 대신 우동면이나 수타면을 곁들여도 맛있어요.

**재료**
가지 1개, 마늘 4쪽, 양파 1/4개, 매운 고추 1개, 홍고추 1개, 다진 대파 2큰술, 다진 돼지고기 1줌, 연두부 1팩, 밥 1.5공기

**양념**
맛술 1큰술, 고추기름 1큰술, 된장 1큰술, 고추장 1큰술, 올리고당 1큰술, 참기름 1큰술, 참깨 1/3큰술

**다차원 레시피 반영**

**가지덮밥**

**소개글**
부드러운 가지, 돼지고기의 감칠맛, 그리고 연두부의 질감이 하나로 어우러진 덮밥 요리입니다. 밥은 물론 우동면과도 조합이 가능해서 한식과 퓨전 요리를 동시에 맛볼 수 있는 메뉴입니다.

**재료**
가지 200g(1개), 마늘 20g(4쪽), 양파 60g(1/4개), 매운 고추 10g(1개), 홍고추 10g(1개), 다진 대파 20g(2큰술), 다진 돼지고기 100g(1줌), 연두부 200g(1팩), 밥 270g(1.5공기)

**양념**
맛술 15g(1큰술), 고추기름 15g(1큰술), 된장 20g(1큰술), 고추장 20g(1큰술), 올리고당 15g(1큰술), 참기름 15g(1큰술), 참깨 2g(1/3큰술)

**만들기**

1. 가지는 4~5cm 길이의 막대 모양으로 썰고, 마늘은 편 썬다.
2. 양파, 고추는 잘게 다진다.
3. 센 불로 달군 팬에 가지를 노릇하게 구운 다음 기름 2큰술을 두르고 중간 불에서 마늘을 노릇하게 볶는다.
4. 대파, 양파, 매운 고추, 홍고추를 넣어 살짝 볶은 뒤 다진 돼지고기, 맛술 1큰술, 고추기름 1큰술을 넣어 중간 불에서 볶는다.
5. 고기가 익으면 된장 1큰술, 고추장 1큰술, 올리고당 1큰술을 넣고 섞은 뒤 연두부를 넣어 큼직하게 조각 내 볶는다.
6. 밥 위에 얹어 참기름 1큰술과 참깨 1/3큰술을 뿌려 완성한다.

**만들기**

1. 가지는 4~5cm 길이의 막대 모양으로 썰고, 마늘은 편으로, 양파, 고추는 잘게 다진다.
2. 센 불로 달군 팬에 가지를 노릇하게 구운 다음 기름 2큰술을 두르고 중간 불에서 마늘을 노릇하게 볶아 향을 낸다. → 탑노트 형성: 구운 향 + 마늘 향이 입맛을 깨우는 전주곡
3. 대파, 양파, 매운 고추, 홍고추를 넣어 살짝 볶아 단맛과 칼칼함을 낸 뒤 다진 돼지고기, 맛술 1큰술, 고추기름 1큰술을 넣어 중간 불에서 볶는다. → 미들노트 시작: 단맛(양파)과 매운맛(고추), 감칠맛(고기)이 동시에 퍼짐
4. 고기가 익으면 된장 1큰술, 고추장 1큰술, 올리고당 1큰술을 넣고 버무려 양념이 재료에 스며들도록 한다. → 미들노트 클라이맥스: 짠맛, 단맛, 감칠맛의 핵심 축이 가지와 고기에 흡수됨
5. 연두부를 넣어 큼직하게 조각 내 섞고, 밥 위에 올린다. → 베이스노트 준비: 양념의 강도를 연두부의 고소함, 부드러움으로 완화
6. 참기름 1큰술과 참깨 1/3큰술을 뿌려 완성한다. → 베이스노트: 고소한 향과 크리미함이 입안에 잔잔히 남음

TIP

- 가지는 기름 흡수력이 크므로 먼저 구워 겉면을 코팅하면 질척하지 않고 풍미 유지
- 고추기름은 초반에 넣어야 향의 레이어가 오래 유지됨
- 연두부는 마지막에 넣어야 질감과 고소한 풍미가 깨끗하게 마무리됨

Echo GPT의 다차원 레시피를 적용하면서, 기존보다 한층 풍성한 레시피 구성이 가능해졌습니다. 단순한 조리법 나열이 아니라, 왜 이런 구성으로 설계했는지에 대한 이유와 이 조리법을 따랐을 때 어떤 맛과 향이 구현되는지에 대한 상세한 설명을 담아 독자의 이해를 넓혔습니다. 또한, 대체 재료와 조리 팁을 보강하여 기존에 놓칠 수 있었던 부분까지 채워 넣음으로써 완성도 높은 레시피로 발전시켰습니다.

물론 레시피의 구성이 늘어날 수 있지만 다차원 레시피를 통해 독자는 단순한 요리법 이상의 경험을 얻게 되고, 마치 노장금의 손맛을 재현하는 듯한 깊이 있는 요리를 할 수 있을 것입니다.

지자체나 발주처에 레시피를 납품할 때에도 다차원 레시피를 적용하면 다른 전문가들과 차별성을 확보할 수 있습니다. 기본적으로 기존의 레시피 양식을 따르되, 설명 방식과 깊이에서 차이를 만들어 낼 수 있습니다. 다음은 기존 레시피 구성과 다차원 레시피 구성 예시입니다.

## 기존 레시피 구성

| 메뉴명 | 가지덮밥 | 메뉴 구분 |
|---|---|---|
| | | 한식 |

**사진**

| 사용 조리기구 | |
|---|---|
| 칼, 도마, 계량스푼, 뒤집개, 프라이팬, 국자 | |
| 준비시간 | 10분 |
| 조리시간 | 15분 |

| 조리 포인트 |
|---|
| 가지는 먼저 구워 기름 다량 흡수 방지, 연두부는 마지막에 넣어 질감 유지 |

**재료**

| 재료명 | 수량/단위 | 원가 | 재료명 | 수량/단위 | 원가 |
|---|---|---|---|---|---|
| 재료 | | | 양념 | | |
| 가지 | 200g(1개) | | 맛술 | 15g(1큰술) | |
| 마늘 | 20g(4쪽) | | 고추기름 | 15g(1큰술) | |
| 양파 | 60g(1/4개) | | 된장 | 20g(1큰술) | |
| 매운 고추 | 10g(1개) | | 고추장 | 20g(1큰술) | |
| 홍고추 | 10g(1개) | | 올리고당 | 15g(1큰술) | |
| 다진 대파 | 20g(2큰술) | | 참기름 | 15g(1큰술) | |
| 다진 돼지고기 | 100g(1줌) | | 참깨 | 2g(1/3큰술) | |
| 연두부 | 200g(1팩) | | | | |
| 밥 | 270g(1.5공기) | | | | |
| **계** | **890g** | | **계** | **102g** | |

**조리법**

1. 가지는 4~5cm 길이의 막대 모양으로 썰고, 마늘은 편 썬다.
2. 양파, 고추는 잘게 다진다.
3. 센 불로 달군 팬에 가지를 노릇하게 구운 다음 기름 2큰술을 두르고 중간 불에서 마늘을 노릇하게 볶는다.
4. 대파, 양파, 매운 고추, 홍고추를 넣어 살짝 볶은 뒤 다진 돼지고기, 맛술 1큰술, 고추기름 1큰술을 넣어 중간 불에서 볶는다.
5. 갤럭시코퍼레이션고기가 익으면 된장 1큰술, 고추장 1큰술, 올리고당 1큰술을 넣고 섞은 뒤 연두부를 넣어 큼직하게 조각 내 볶는다.
6. 밥 위에 얹어 참기름 1큰술과 참깨 1/3큰술을 뿌려 완성한다.

**기타**

## 다차원 레시피 구성

| 메뉴명 | 가지덮밥 |
|---|---|
| 메뉴 구분 | 한식 |
| 사진 |  |
| 사용 조리기구 | 칼, 도마, 계량스푼, 뒤집개, 프라이팬, 국자 |
| 준비시간 | 10분 |
| 조리시간 | 15분 |
| 계절성 | 여름 제철 가지 활용 |
| 조리 포인트 | 가지는 먼저 구워 기름 다량 흡수 방지, 연두부는 마지막에 넣어 질감 유지 |

**재료**

| 재료명 | 수량/단위 | 감각 비중 (0~1) | 기준 수치 (100%) | 원가 | 재료명 | 수량/단위 | 감각비중 (0~1) | 기준 수치 (100%) | 원가 |
|---|---|---|---|---|---|---|---|---|---|
| 재료 | | | | | 양념 | | | | |
| 가지 | 200g(1개) | 0.25 | 20% | | 맛술 | 15g(1큰술) | 0.02 | 1% | |
| 마늘 | 20g(4쪽) | 0.07 | 2% | | 고추기름 | 15g(1큰술) | 0.05 | 2% | |
| 양파 | 60g(1/4개) | 0.08 | 6% | | 된장 | 20g(1큰술) | 0.07 | 2% | |
| 매운 고추 | 10g(1개) | 0.05 | 1% | | 고추장 | 20g(1큰술) | 0.07 | 2% | |
| 홍고추 | 10g(1개) | 0.05 | 1% | | 올리고당 | 15g(1큰술) | 0.05 | 2% | |
| 다진 대파 | 20g(2큰술) | 0.05 | 2% | | 참기름 | 15g(1큰술) | 0.05 | 2% | |
| 다진 돼지고기 | 100g(1줌) | 0.20 | 17% | | 참깨 | 2g (1/3큰술) | 0.02 | 0.5% | |
| 연두부 | 200g(1팩) | 0.15 | 17% | | | | | | |
| 밥 | 270g (1.5공기) | 0.25 | 23% | | | | | | |
| 계 | 890g | 1.15 | 89% | | 계 | 102g | 0.33 | 11.5% | |

| 구분 | 항목 | 내용 |
| --- | --- | --- |
| 다차원 분석 | 0D 기본 맛 | 짠맛 0.22, 단맛 0.13, 감칠맛 0.20, 매운맛 0.15, 고소함 0.20 |
| | 1D 맛 관계 | 짠맛 ↔ 단맛 균형<br>매운맛 ↔ 고소함 대비 |
| | 2D 향·텍스처 | 고추기름·마늘 향<br>연두부, 가지의 부드러움 ↔ 고기 식감 |
| | 3D 입안 레이어 | **탑노트**: 향<br>**미들노트**: 양념 스며든 가지 + 고기<br>**베이스노트**: 연두부의 고소함 |
| | 4D 계절성 | 여름 가지, 가을 버섯 변주, 겨울 두부 강화 |
| | 5D 감정 | 간편·든든한 한 그릇, 집밥과 퓨전의 접점 |
| | 감각 흐름 | **탑노트**: 고추기름, 마늘 → **미들노트**: 단짠, 감칠맛 → **베이스노트**: 부드러운 고소함 |
| 조리법 | | 1. 가지는 4~5cm 길이의 막대 모양으로 썰고, 마늘은 편으로, 양파, 고추는 잘게 다진다.<br>2. 센 불로 달군 팬에 가지를 노릇하게 구운 다음 기름 2큰술을 두르고 중간 불에서 마늘을 노릇하게 볶아 향을 낸다. → 탑노트 형성: 구운 향 + 마늘 향이 입맛을 깨우는 전주곡<br>3. 대파, 양파, 매운 고추, 홍고추를 넣어 살짝 볶아 단맛과 칼칼함을 낸 뒤 다진 돼지고기, 맛술 1큰술, 고추기름 1큰술을 넣어 중간 불에서 볶는다. → 미들노트 시작: 단맛(양파)과 매운맛(고추), 감칠맛(고기)이 동시에 퍼짐<br>4. 고기가 익으면 된장 1큰술, 고추장 1큰술, 올리고당 1큰술을 넣고 버무려 양념이 재료에 스며들도록 한다. → 미들노트 클라이맥스: 짠맛, 단맛, 감칠맛의 핵심 축이 가지와 고기에 흡수됨<br>5. 연두부를 넣어 큼직하게 조각 내 섞고, 밥 위에 올린다. → 베이스노트 준비: 양념의 강도를 연두부의 고소함, 부드러움으로 완화<br>6. 참기름 1큰술과 참깨 1/3큰술을 뿌려 완성한다. → 베이스노트: 고소한 향과 크리미함이 입안에 잔잔히 남음 |
| 마리아주 | | **전통주** : 오미자 약주 – 매운맛, 짠 맛 정리, 새콤한 베이스노트<br>**디저트** : 수박 화채 – 매운 양념 뒤 시원한 마무리 |

## Echo GPT 활용 시 검증 사항
# **아이디어 참고 가이드**

## 1. AI 기술적 한계로 인한 검증 필요성

### 1) 데이터 학습 시점의 제약

- **GPT의 지식 기준**: 특정 시점까지의 데이터로 학습됨
- **식품 정보 업데이트**: 새로운 연구 결과, 안전 기준 변화 미반영
- **계절별/지역별 변수**: 실시간 식재료 수급 상황, 가격 변동 미반영

### 2) 확률적 언어 생성의 한계

- **조합의 가능성**: 논리적으로 타당해 보이지만 실제로는 검증되지 않은 조합 제안 가능
- **수치의 정확성**: 감각 수치(0.4, 0.6 등)는 감각적, 상대적 기준이지 절대적 측정값이 아님

## 2. 식품 안전성 검증의 필수성

### 1) 알레르기 및 금기사항

**위험 요소**

개인별 알레르기 반응 차이
종교적/문화적 금기 식재료
연령별 섭취 제한(유아, 고령자)
질병별 식이 제한(당뇨, 고혈압 등)

**검증 방법**

전문가 검토
식품성분표 확인
개별 테스트 진행

### 2) 보존성 및 위생 안전성

▶ **GPT 제안**: 상온 보관 조건, 보존 기간 등

▶ **현실 검증**

- 실제 검증 필요: 미생물 테스트, pH 측정, 보존료 효과 확인
- 법적 기준 준수: 식품안전법, HACCP 기준 등

## 3. 지역적/계절적 변수 고려

### 1) 식재료 수급 현실성

▶ **GPT 제안**: 표고버섯 추출물 30% 사용

▶ **현실 검증**

- 해당 지역 표고버섯 수급 가능 여부
- 계절별 품질 편차
- 실제 구매 가능한 가격대 여부
- 대체 식재료 준비 방안

### 2) 문화적 수용성

- **GPT의 일반화**: 글로벌 기준으로 추천
- **지역 특성**: 현지 입맛, 조리 관습, 종교적 제약 등 개별 고려 필요

## 4. 개인차 및 상황별 변수

### 1) 감각 인식의 개인차

▶ **GPT 제안**: 짠맛 0.4 수준

▶ **개인별 차이**

- 연령에 따른 미각 변화
- 지역별 식습관 차이
- 개인적 기호도 편차
- 건강 상태에 따른 감각 변화
- 훈련을 통해 차이가 줄어들고, 결국 일정한 기준이 형성될 수 있음

#### 2) 조리 환경의 현실적 제약

▶ **GPT 가정**: 이상적인 조리 환경

▶ **현실 고려**: 주방 설비, 조리 기술 수준, 시간적 제약 등

## 5. 전문가 검증의 중요성



#### 1) 분야별 전문가 협업

- **셰프, 요리연구가**: 실제 조리 가능성, 맛 균형 확인
- **식품공학자**: 제조 공정, 보존성 검증
- **영양학자**: 영양 균형, 건강 효과 검토
- **의료진**: 건강 영향, 금기사항 검토

#### 2) 단계별 검증 프로세스

① **아이디어 단계**: GPT 제안 → 초기 레시피 검토

② **시제품 단계**: 테스트 → 관능평가, 안전성, 사업화 가능성 확인

③ **상용화 단계**: 대용량 검증 → 품질 표준화

## 6. 실무 적용 시 권장 사항

### 1) 점진적 적용

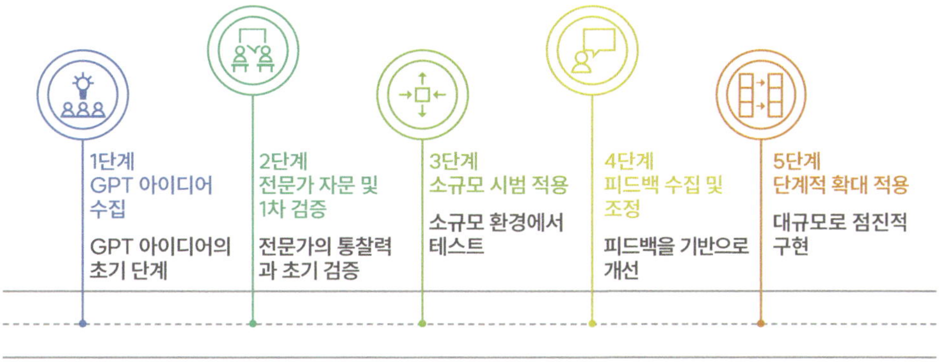


### 2) 문서화 및 추적 관리

- **변경 사항 기록**: GPT 제안 → 실제 적용 → 결과 비교
- **리스크 관리**: 예상 위험 요소 사전 식별 및 대응 방안 준비
- **지속적 모니터링**: 적용 후 결과 추적, 개선점 발굴

## 7. 결론: Echo GPT는 '창의적 아이디어 파트너'

### 1) Echo GPT의 올바른 활용법

- **창의적 영감 제공**: 새로운 관점과 아이디어 발굴
- **구조적 사고 지원**: 0D~5D 감각 체계화 도움
- **효율적 기획**: 빠른 프로토타입 설계

### 2) 반드시 필요한 검증 단계

- **전문가 검토**: 식품 안전성, 영양학적 타당성
- **실제 테스트**: 소규모 실험을 통한 맛검증
- **개별 맞춤화**: 지역, 개인, 상황별 조정

Echo GPT는 훌륭한 '아이디어 제공자'이자 '창의적 파트너'입니다. 기존에 생각하지 못했던 감각 조합, 새로운 마리아주 가능성, 혁신적인 조리 접근법을 제시합니다. 관습적인 조리법에서 벗어난 새로운 시도와 다양한 수치 조합을 통한 맛의 발견이 가능합니다. Echo GPT를 통해 실무자는 더 빠르고 체계적으로 작업할 수 있습니다. 0D~5D 구조로 요리의 과학적 이해와 감각을 명확한 언어로 표현하는 스킬 향상되며 전문적이면서도 이해하기 쉬운 설명 능력으로 새로운 소통의 도구를 갖게 됩니다.

Echo GPT의 제안을 '정답'이 아닌 '출발점'으로 활용하시길 바랍니다. 제안된 수치를 기준으로 + / - 조정 테스트와 다양한 식재료 대체 시도, 조리법의 창의적 변형을 시도하고 마지막으로 나만의 시그니처 터치를 추가한다면 Echo GPT는 새로운 레시피와 요리의 마르지 않는 샘이 될 수 있을 것입니다.

구상한 레시피의 맛을 비교하고 피드백을 수집하여 Before/After를 기록하면 점차 노하우가 축적될 것입니다. 결국 요리의 완성도는 경험과 노하우를 통해 결정됩니다. 이 책에 담긴 이론과 아이디어가 실제 현장에서 빛을 발할 때, 다차원 레시피의 진정한 가치가 실현될 것입니다. 여러분의 경험과 감각이 Echo GPT의 체계적 분석과 어우러져, AI를 통해 한식 문화가 새로운 지평으로 발전하기를 바랍니다.

# 참고 문헌


### 한국도서

강경심, 김수진, 김복화(2018). 한국음식의 맛과 멋. 창지사.

강지영, 김혜원, 백수진, 안동균, 이대형(2025). 더 페어링: 술과 음식의 더 맛있는 만남. 비앤씨월드.

김금숙, 이남수, 조성현, 이종필(2024). 자연의 치유식탁. 백산출판사.

김동석(2024). 나만의 디저트 레시피를 구상하는 방법 + 디저트 페어링 북 세트. 더테이블.

김영숙(2000). 와인 그리고 특별한 요리. 효성출판사.

김준철(2023). 와인(개정6판). 백산출판사.

김준철, 이선희, 민혜련, 이동승(2024). 와인양조학(제2판). 백산출판사.

김준철, 안용갑(2014). 한국와인 & 양조과학. 퍼블리싱킹콘텐츠.

노고은(2022). 가지가 다한 요리. 이덴슬리벨

마스터셰프코리아팀(2015). 셰프 시리즈: 소스. 백산출판사.

박선희(2021). 와인학개론. 백산출판사.

박선희, 이종필, 박상민, 서태수(2021). 와인학개론(제2개정판). 아카데미아.

방문송 외(2025). 와인미학. 와인비전프레스.

백은주(2022). 부르고뉴 와인. 와인21닷컴.

손창호(2010). 한식 세계를 요리하라: 신세대 외교관의 우리 음식 이야기. 럭스미디어.

신인식(2025). 와인 스토리 50가지. 넥서스BOOKS.

신규영(2025). 나의 첫 와인 공부(개정판). 두드림미디어.

안빈 외(2018). 소믈리에 와인의 세계(개정판). 백산출판사.

안지홍(2019). 디저트 페어링: 디저트가 제일 맛있어지는 순간. 수작걸다.

엄경자(2021). 와인 입문자를 위한 Wine Book. 아티오.

이영지(2025). 먹던 거랑 먹는 와인. 래디시.

이원복(2023). 이원복 교수의 와인의 세계, 세계의 와인(전2권). 김영사.

이진택, 신경은, 윤미리, 장경태(2024). 현대적 감각으로 재해석한 한국 전통음식. 백산출판사.

이종필 외(2014). 양식조리 기능사. Dream Port.

이종필 외(2015). All About SAUCES. 백산출판사.

이종필 외(2016). Chef's 일식 복어조리. 백산출판사.

이종필, 조성현(2017). All About PASTA. 백산출판사.

이종필 외(2019). Food Plating Technic + . 백산출판사.

이종필 외(2019). Food Plating + . 백산출판사.

이종필 외(2021). 서양조리의 기술. 백산출판사.

이종필(2021). 맛의 기술. 백산출판사.

이종필, 황경환(2022). Sauce Lab. 백산출판사.

이종필(2023). 치유의 맛. 백산출판사.

이종필 외(2023). 서양조리의 기술(제3판). 백산출판사.

이종필(2025). 다차원 맛의 비밀. 백산출판사.

이종필(2025). 와인 음식 다차원의 마리아주. 백산출판사

장보현, 김진호 사진, 김은성 감수(2022). 내추럴 페어링 80가지. 좋은생각.

정리나, 백은주(2024). 푸드 앤 와인 페어링 쿡북. 한스미디어.

전상헌, 김준철 감수(2021). 한 권으로 끝내는 와인특강(2021년 개정판). 예문.

조영현(2012). The Wine 조영현의 와인이야기. 백산출판사.

최은희(2024). 쉽게 배우는 한국의 발효음식. 백산출판사.

최재천(2020). 스토리가 있는 와인. 좋은땅출판사.

임승수(2024). 와인과 페어링. 수오서재.

**해외도서**


Briscione, J., & Parkhurst, B.(2018). The Flavor Matrix. Houghton Mifflin Harcourt.

Coucquyt, P., Lahousse, B., & Langenbick, J.(2020). The Art and Science of Foodpairing. Octopus Publishing Group.

Johnson, H., & Robinson, J.(2019). The World Atlas of Wine(8th ed.). Mitchell Beazley.

Karen MacNeil, 이보미 역(2024). The Wine Bible(3차 개정판). 디자인이음.

Kevin Zraly, 정미나 역(2021). 와인 바이블: 출간 35주년 스페셜 에디션. 한스미디어.

Kim, Hooni(2020). My Korea: Traditional Flavors, Modern Recipes. W. W. Norton & Company.

Lee, Monica, & Nguyen, Tien(2023). Sohn - mat: Recipes and Flavors of Korean Home Cooking. Hardie Grant North America.

Puckette, M., & Hammack, J.(2018). Wine Folly: Magnum Edition, The Master Guide. Avery Publishing.

Puckette, M., & Hammack, J., 차승은 역(2020). 와인 폴리: 매그넘 에디션. 영진닷컴.

Segnit, N.(2010). The Flavour Thesaurus: Pairings, Recipes and Ideas for the Creative Cook. Bloomsbury Publishing.

Sabo, J., 조윤경 역(2018). 더미를 위한 와인 푸드 페어링. 시그마북스.

피터 코케트, 베르나르 라후스, 요한 랑겐비크 저/최경남 역(2020). 마스터 셰프를 위한 푸드페어링. 더모던.

# Profile

요리연구가·푸드콘텐츠디렉터

## **노고은**(노장금)

어릴 적부터 사랑해 온 요리를 대학에서 전공하고, 대학원에서 음식·문화콘텐츠·마케팅을 아우르는 융합 연구를 진행했다. 한식의 디테일을 살린 독창적인 맛과 스타일을 구현하는 것을 핵심 가치로 삼아, 건강한 식문화를 다양한 콘텐츠로 선보이고 있다. 외식업계와 지자체를 대상으로 한 메뉴 개발과 컨설팅을 활발히 수행하고 있으며, 이러한 경험을 바탕으로 『참 쉬운 집밥 요리책』을 포함한 9권의 요리책을 집필했다. 전통과 현대를 잇는 감각적인 시선으로, 밥상 위에 깃든 문화와 새로운 미식 경험을 제안하고 있다.

다차원 맛 구조 창안자·요리 철학 연구가

## 맛샘 **이종필**

'맛은 감정의 구조'라는 신념 아래, 한식의 표면을 넘어 감정·문화·기억이 응축된 입체적 맛의 세계를 설계해왔다. 『다차원 맛의 비밀』의 저자이자, 부천대학교 대학원 미래푸드산업 조리기술과정의 교수, 요리와 정체성을 연결하는 감각 큐레이션의 선구자이다. 한식과 와인, 전통주, 디저트의 공명 구조를 탐구하며 새로운 마리아주의 언어를 제안한다.

저자와의
합의하에
인지첩부
생략

## 한식의 다차원 마리아주

2026년 2월 5일 초판 1쇄 인쇄
2026년 2월 10일 초판 1쇄 발행

지은이 노고은 · 이종필
펴낸이 진성원
펴낸곳 (주)백산출판사
교 정 박상현
본문디자인 신화정
표지디자인 오정은

등 록 2017년 5월 29일 제406-2017-000058호
주 소 경기도 파주시 회동길 370(백산빌딩 3층)
전 화 02-914-1621(代)
팩 스 031-955-9911
이메일 edit@ibaeksan.kr
홈페이지 www.ibaeksan.kr

ISBN 979-11-7385-094-3 93590
값 25,000원